직업은 어른
취미는 그림책

어른이 되어 그림책을 펼치다

직업은 어른 취미는 그림책

권해진, 김영주, 변택주, 이선화, 이승희 지음

보리

여는 글

그림책은 마법사 같아요

　꼬마평화도서관이라고 들어보셨어요? 아니라고요? 너무 작아서 눈에 들어오지 않았을 수 있어요. 그럼 고만고만한 사람들이 가만가만 살살 어우러지는 꼬마평화도서관이 어떤 곳인지 알려드릴게요.

　꼬마평화도서관이라니까, '아이들이 평화를 알도록 꾸민 도서관이란 말일까?' 하고 받아들이는 분이 적지 않은데, 아니에요. 서른 권 남짓한 책만으로도 문을 열 수 있는 배짱 좋은 도서관이라서 '꼬마'라고 했으나 아이와 어른이 함께 어울려 누려요.

　꼬마평화도서관은 2014년 12월 9일 보리출판사 1층 북카페에 처음 들어서고 나서 이제까지 쉰다섯 곳에 문을 열었어요. 6·25 노근리 참사를 기리는 노근리 박물관을 비롯해 밥집, 꽃집, 향수 공방, 카센터, 다세대주택 현관, 유치원, 학교 복도 그리고 절과 교회에도 있어요. "작으면 어때. 작디작아서 모래 틈에라도 끼어들 수 있으니 좋지 않아?" 하고 스스로 다독이며 내디딘 걸음걸이에요.

평화를 배우고 나누려는 사람이라면 누구라도 문을 열 수 있는 꼬마평화도서관에선 다달이 적어도 한 번은 평화 책을 읽고 와서 느낌을 나누는 마당이 펼쳐져요. 그런데 생긴 지 얼마 지나지 않아 생각지 못한 어려움과 맞닥뜨렸어요. 책을 미처 읽지 못한 사람이 멋쩍어하며 하나둘 빠져나가잖아요. '어쩌지?' 생각하다가 '모여서 책을 소리 내어 읽고 느낌을 나누면 좋지 않을까?' 하고 뜻을 모았어요. 앉은 자리에서 책을 읽고 느낌도 나눠야 하니 글밥이 적은 그림책이 '딱!' 이었어요. 그렇게 그림책 연주마당이 생겼어요. 그림책을 소리 내어 읽다 보니 '아, 사람이 악기로구나' 싶어서 평화 그림책 연주라고 부르기로 했어요. 평화 그림책 연주는 연주하고 나서 느낌 나누기가 알맹이인데 어울리는 사람에 따라서 풀이가 달라져요. 틀림없이 같은 책을 봤는데 사람마다 아주 다른 얘기를 꺼내더라니까요.

열 해 가까이 그림책을 연주하다 보니 그림책에는 아이들에게나 읽어 주는 책이라고 하기엔 깊고 야릇한 세상이 있어요. 그래서 아이들이나 보는 책이라며 휘휘 손사래 치던 어른들도 막상 그림책에 빠져들면 헤어나오지 못해요. 쉰 살에서 예순 살을 훌쩍 넘긴 남성들이 느낌을 나누면서 훌쩍거릴 줄 누가 알았겠어요. 깊이 묻혀 있는 줄도 몰랐던 어릴 적 마음을 길어 올리기도 하고, 세상에서 일어나는 일을 짚으면서 어떻게 살아야 할지 새기기도 해요. 그림책 연주마당에 온 지 석 달도 되지 않은 중년 남성이 그림책을 사서 가져온다니까요, 글쎄. 이분들에게 그림책은 눌린 가슴을 풀어주어 아이 마음으로 돌려놓는 마법사 같지 않았을까요?

아이와 어른을 가리지 않고 끈 닿는 대로 그림책 연주를 하다 보니 제가 어른인지 아이인지 헷갈릴 때가 적지 않아요. 어느 날 연주를 듣던 분이 "어른이 '본캐'이고, 그림책 연주가 '부캐' 아니냐?"면서 살포슴 짓더라고요. 그럴싸하지요?

이따금 그림책을 소리 내어 연주하는 까닭을 묻는 이들이 있어요. 물리학자 김상욱은 《떨림과 울림》에서 우리는 늘 떤다고 얘기해요. 우리가 굳건히 서 있다고 믿는 피라미드도 떨고, 빛도 떨며 말하는 동안 공기도 떨고 세상은 온통 떨림으로 가득하다고요. 김상욱은 사람은 떨림이라고 하면서, 우리는 둘레에 있는 수많은 떨림에 울림으로 반응한다고 해요. 법정 스님은 소리는 놀랍게도 영혼에 메아리를 울린다면서 경전은 반드시 소리 내어 읽어야 한다고 하셨어요. 눈으로만 읽으면 책에 담긴 깊은 뜻을 받아들일 수 없다고요. 평화 놀이하는 제게 그림책은 경전이에요. 어떤 수학 선생님에게 들었는데요. 수학 문제를 풀지 못하고 끙끙대는 아이에게 아무것도 하지 않고 그저 문제를 읽어 주기만 했는데 바로 풀더래요. 놀랍지요? 그 뒤로 저도 어려운 책을 읽다가 뜻을 알 수 없을 때는 소리 내어 읽어요. 그럼 바로 '아하!' 하며 무릎을 칠 때가 적지 않아요. 뜻이 소리에 실려 떨림으로 바뀌고, 떨림이 울림이 되고, 울림이 어울림으로 바뀌면서 헤아림에 이르렀을까요?

그림책을 연주하면서 놓치지 말아야 할 것은 그림을 찬찬히 곱씹으면서 그림맛을 느껴야 한다는 것이에요. 그림을 놓치면 그림책을 제대로 봤다고 할 수 없거든요. 결이 고운 이웃과 그림책을 연주하면서 새겨 보니 그림책에는 '어울려 살림'이 소복해요.

　이 책은 다섯 사람이 한 해 가까이 어울려 평화 그림책을 연주하고 나눈 이야기를 보리출판사 편집부에서 가려 뽑아 다듬고 다듬어 빚었어요. 첫 번째 꼬마평화도서관에서 다달이 그림책 연주가 울려 퍼지면 좋겠다는 제 말을 흘려듣지 않고 모임으로 아울러 낸 해진 선생님 고맙습니다. 아울러 승희 선생님, 선화 선생님, 영주 선생님 함께 놀아주셔서 고맙습니다. 앞으로도 쭉 어울려 주실 거지요?

　참, 올해는 '그림책의 해'래요. 뜻한 바는 아닌데 '그림책의 해'에 어울려 빚은 《직업은 어른 취미는 그림책》을 내어놓게 되어 더욱 뜻깊어요. 우리, 언제 어울려서 그림책 연주 한번 할까요?

누리가 온통 파르라니 물든 오월에
택주 비손

차례

1부 참다운 나 찾기

여행하는 맛 《어느 멋진 여행》 · 13
아이들한테는 보여 주지 마세요 《딴생각 중》 · 21
우리는 모두 병아리였습니다 《병아리》 · 34
누구에게나 오두막이 필요하다 《나의 오두막》 · 40
심심함이 주는 힘 《심심해서 그랬어》 · 47
끝끝내 놓을 수 없는 것 《달은 누구의 것도 아니다》 · 60
말이 없는 세계 《바람의 우아니》 · 68

2부 자연과 이웃과 더불어 함께 살기

쓰임과 쓸모 《안젤로와 곤돌라의 기나긴 여행》 · 79
살아가다와 스러지다 《우리 마을이 좋아》 · 90
기다리면 별이 된다네 《큰 늑대 작은 늑대의 별이 된 나뭇잎》 · 106
할머니는 커다란 엄마 《할머니의 뜰에서》 · 114

부모는 아이의 눈《우리 아빠는 흰지팡이 수호천사》· 124

목숨은 다 귀하다《생명을 먹어요》· 136

그 계절에만 만날 수 있는 것《여름에 만나요》· 147

우리가 함께 살아가려면?《펭귄의 집이 반으로 줄었어요》· 156

나를 살리는 사람들《누가 진짜 엄마야?》· 164

3부 이제 전쟁을 그치자

우리가 먼저《손을 내밀었다》· 175

지속 가능하게 가꾸어 나갈 보금자리《기이한 DMZ 생태공원》· 186

제대로 사랑합시다《애국자가 없는 세상》· 193

전쟁을 바라는 이들을 더 이상 내버려두지 않기《적》· 204

1부 ──────── 참다운
나 찾기

여행하는 맛

《어느 멋진 여행》

팻 지틀로 밀러 글
엘리자 휠러 그림
임경선 옮김
위즈덤하우스
2021

영주 무엇보다 표지가 예뻐서 이 책을 골랐어요. 정말 예쁘지요? '인생에서 선택한 길이 원하는 곳으로 데려가 주길 바란다'는 작가의 말도 마음에 들었고요. 그런데 저 말에 완전히 동의하지는 않아요. 인생에서 선택한 그 길이 바로 네가 바라던 것이라고 이야기하고 싶어요. 사는 건 과정이잖아요. 목적이 없어도 괜찮다고 생각해요. 마음 내키는 대로 가면 되지요. 책을 다 읽고 나니 '그냥 문 열고 나가 봐' 이렇게 지지해 주는 느낌이 들어 좋더라고요.

택주 인생길, 홀로 떠나는 것 같아도, 더불어서 같이 가기도 하고, 그

다음에 서로 다른 길로 갈라서기도 하고, 갈라서서 다시 만나지 못할 줄 알았더니 다시 길동무가 되기도 하며 어우러지는 삶을 그리지 않았나 하고 생각했어요.

오래전에 수양버들이 파르라니 물오르는 강가에 난 길을 맞바람을 받으며 달린 적이 있어요. 달리면서 내 몸이 열리고 있다고 느꼈어요. 열린 몸이 길을 받아들이고 있다고 생각했어요. 이래서 길든다는 말이 나왔을까요? 길이 내 몸으로 흘려 들어오고 흘러 나가는 것 같더라고요. 길이 나를 거쳐 흐르더란 말씀이에요. 길과 내 몸이 마치 하나처럼 느꼈어요. 길 떠난다는 것은 길을 내게 들이는 일이 아닐까요?

해진 길을 따라 만났다가 헤어지기도 하고 어떤 길로 떠날지, 그냥 여기 있을지 그건 네가 선택하면 된다는 말이 너무 좋아서 딱지도 붙여 놨어요.

요즘 아이들은 뭘 해도 엄마 눈치를 봐요. 엄마 말대로만 하고 싶지는 않은데 또 막상 엄마 말을 따라야 할 것 같은가 봐요. 어떤 아이가 엄마랑 한약을 지으러 왔어요. 그럼 저는 '한약 먹을지 안 먹을지 네가 선택해 봐' 하거든요. 엄마가 '당연히 먹어야지' 하면 또 '안 먹을래요' 해요. 좀 고민하다가 다시 '선생님 저 먹을까요?' 하고요. 부모님들은 원장님이 그냥 알아서 지어 주면 되지 왜 애한테 선택하라고 하냐는데요, 저는 약도 자기가 먹고 싶어서 먹어야 약발도 잘 받는다고 생각하거든요. 그래서 그럴 땐 '아이가 먹기 싫다는 거 지어 주지 마시고 돈 아끼세요'라고 해요.

선화 그 어머니는 원장님 권위를 빌리고 싶었던 것 같은데 잘 안 됐네요.

해진 근데 권위에 눌려서 먹으면 '이렇게 쓴 걸 왜 먹어' 하는 마음이 들거든요. 서로 신뢰가 없으면 안 먹느니만 못해요.

승희 저는 전혀 생각하지 않았던 일들이 빵빵 터지는 게 재밌거든요. 행사 진행을 할 때도 대본을 완벽하게 써 주면 재미가 덜하더라고요. 무슨 말을 할지 모르는 채로 있다가 관객들 반응에 맞춰서 하는 게 더 재미있어요. '내일은 또 어떤 일이 생길까?' 뭐 이런 호기심, 설렘 같은 걸 좋아하나 봐요. 인생을 길게 여행으로 본다면, 이 책에서 가장 와닿은 말은 '뜻밖'이에요.

택주 그게 바로 여행하는 맛이죠.

영주 높다란 오르막에 오른 장면을 보면 깊은 골짜기 사이로 우뚝 선 산이 보이는데, 산봉우리에는 고운 눈가루가 첩첩이 쌓여 있어요. 여길 오른다는 게 굉장히 힘든 일이잖아요. 근데 그렇게 올라가서 꼭대기에 섰을 때 얼마나 뿌듯한지 몰라요. 이걸 사람들이 많이 느껴 봤으면 좋겠어요.

선화 책을 읽으면서 '내가 살면서 언제 큰 선택을 했지?' 생각해 보니 첫 번째는 대학 때 호주로 떠난 배낭여행이었어요. 몇 달 동안 아르바이트해서 졸업식도 안 가고 호주로 떠나 한 달간 지냈는데, 지금까지 본 적이 없는 신세계를 만났어요. 어쩜, 이런 세상이 있구나 싶었어요. 사람들이 상상할 수 없을 만큼 친절하고 날씨와 풍광이 정말 아름다웠어요. 그 한 달이 가슴에 콕 박혀서 언젠가 꼭 다시 가고 싶다는 마음을 품었어요. 그랬더니 정말로 다시 가게 됐어요. 회사 두 곳을 거치는 동안 소모되는 것 같아서 마음이 자꾸만 허해졌거든요. 그래서 결심했죠. '호주로

가자!'

워킹홀리데이 덕분에 다시 돌아간 호주에서 긴 호흡으로 살 수 있었어요. 호주가 더 좋았던 건, 제가 맥주 애호가라 때와 장소를 가리지 않고 맥주를 마실 수 있어서였어요. 안주를 안 시켜도 되는 건 덤이고요.

그렇게 신나게 놀다가 몇 달이 지나니 돈이 뚝 떨어졌거든요. 아르바이트를 하면서 영어를 배울 수 있는 곳을 찾다가 우연히 '레드크로스'를 발견했어요. 무작정 들어가서 일해 보고 싶다고 했더니 흔쾌히 승낙해 줘서 레드크로스 매장에서 파는 소품 만드는 분들 옆에서 보조하는 일을 하게 됐어요.

어느 날 직원 송별회 자리에 초대를 받았는데 엄청 충격을 받았어요. 젊은 직원이 회사를 그만두고 세계 여행을 떠나는데 모두가 손뼉 쳐 주고 축복해 주더라고요. 내가 경험한 회사는 사표를 쓴다고 하는 순간 죄인이 되었거든요. 눈치도 보이고요. 그 순간 처음으로 도서관이 생각났어요. 제 전공인 문헌정보학이 너무 재미가 없어서 '나는 도서관에서 일할 일은 없겠다'는 생각으로 훌쩍 떠난 거거든요. 그런데 '레드크로스가 비영리 기관이라서 퇴직하는 직원들도 따뜻하게 품어 주나? 한국에 돌아가서 비영리 기관에서 일하면 나도 이런 분위기에서 일할 수 있지 않을까?' 하는 희망을 가졌어요. 호주에서 돌아온 지 두 달만에 공무원 시험 공고가 났는데, 6년 만에 뽑는 사서 채용 공고였대요. 운이 좋게도 첫 시험에 합격해서 20년이 넘게 일하고 있어요. 그러니까 제 삶에서 큰 전환점들이 굳은 의지 때문만은 아닌 것 같아요. '우연'이 저를 이끌어서 어떤 곳에 자리하게 되고, 우연한 만남들이 또 어딘가로 데려가 주었던 것 같아요. 그렇게 살아왔더니 나름 나쁘지 않았다는 생각이 들고요.

추천사에 내 아이에게 해 주고 싶은 모든 말이 담겨 있다는 부분이 마음에 들었어요. 《태도에 관하여》를 쓴 임경선 작가가 번역하고 추천사를 썼는데요, 작가도 자기 아이를 생각하며 엄마 마음으로 번역했을 것 같아요.

승희 요즘 안 그래도 잠자리에 엎드려서 《장자》를 조금씩 읽고 있거든요. '어떻게 하면 장자처럼 살까?' 생각하면서요.

해진 장자가 '소요'라는 단어를 쓰잖아요. 한방에 '소요산'이라는 탕이 있어요. 탕 이름이 소요산이에요. 근데 그 약이 화병 약이거든요. 장자의 '소요유'가 '방황하는, 배회하는 마음'이잖아요. '소요한다'는 슬슬 산책한다는 말이고요. 화병에는 역시 걷는 게 약이구나 생각했어요. (웃음)

두 번도 더 읽었는데 자전거 앞 장바구니는 왜 못 봤을까요?

택주 그림책은 그림에 눈길을 줘야 하는데 새내기들은 바탕글 읽기 바빠서 그림을 놓치는 거죠. 승희 선생님과 영주 선생님은 그림책하고 오래 같이 놀았잖아요. 그래서 그림이 자연스럽게 눈에 다 들어오는데, 저도 억지로 눈에 불을 켜고 봐야 가까스로 눈에 들어와요. 몸에 길이 들면 저절로 되련만, 어깨에 힘이 잔뜩 들어간 초보 운전사라 봐야 할 것을 자꾸 놓치고 마네요.

영주 어릴 때 어머니가 길들인다며 솥을 반질반질하게 닦던 생각이 나요. 책 앞뒤 표지를 보니까 동이 틀 때 여행을 시작해서 해 질 녘에 돌아온 것 같아요. 집을 떠날 땐 창문에 불빛이 없었는데 돌아왔을 땐 불이 켜져 있고, 연기가 모락모락 나는 걸로 봐서 혼자 살고 있었던 게 아니었네요. 부엉이는 이웃 같고요. 집에서 엄마가 따뜻한 밥 해 놓고 기다렸던 것 같아요.

택주 우리나라 사람들은 돌아갈 집이 없어졌어요. 주소가 다 도로명으로 바뀌어서 ○○로, ○○길이 되었으니 들어가 살 집은 사라지고 떠도는 길만 남았잖아요. 떠났던 사람들이 마을에 들어서고 집으로 들어가야 하는데, 이 도로명 주소는 돌아갈 마을도 집도 다 뭉개 버렸어요. 다 길에 나앉도록 밀어내고 말았다는 말이에요.

승희 이 그림책 원래 제목이 뭐예요?

해진 '웨얼에버 유 고'(WHEREVER YOU GO)네요.

승희 그게 더 멋있네요! 다 읽고 나니까 우리말 제목에는 뭔가 덜 담아낸 것 같은 아쉬움이 있어요.

해진 우리말 제목에 '어디든'이 들어가면 좋겠네요.

승희 이 책은 철학책이라는 생각이 들어요. 하루를 여행으로 본 거죠. 하루하루가 다 여행이고 24시간 안에서 해가 뜨고 질 때까지 쿵 하고 넘어지기도 하고, 뜻밖의 일을 만나기도 하고, 어느 길로 만나든 다 있는 거고…….

아까 책을 보면서 '내 인생에서 눈부시게 찬란한 때가 있었나?' 하는 생각이 스쳤어요. 이 책 원래 제목이 '웨얼에버 유 고'라고 하셨잖아요. '유 고' 앞에 '웬에버'(WHENEVER)가 숨어 있을 것 같아요.

☕ '지금 여기'의 소중함

영주

　설레는 마음과 들뜬 기분에 당장이라도 여행을 떠나고 싶었답니다. 그리고 정말로 여행을 떠났지요. 나를 찾아가는 여행을요. 과거로, 과거로 거슬러 올라가다 보니 내가 태어난 장소와 시간에까지 닿게 되었어요.

　내가 어떻게 내가 되었는지, 세상에 나와 첫울음을 울었던 곳이 어딘지 참 궁금했습니다. 그래서 부모님께 내가 태어난 곳에 같이 가 달라고 부탁했지요. 부모님은 의아해했지만, 흔쾌히 "그러마" 하고 따라나섰고요. 그렇게 해서 어느 멋진 여행이 시작되었답니다.

　부모님은 저를 당신들이 스물두 살, 스물세 살 때 신랑 각시 되어 처음으로 살림을 차렸던 곳으로 데려가 주었어요. 그곳은 강원도 홍천군 화촌면에 있는 깊은 산골이에요. 큰길에서 차로도 한참을 가야 했으니 걸음으로는 두 시간 남짓한 거리였어요. 지금은 비포장도로이기는 해도 자동차 한 대 정도는 다닐 수 있게 길이 나 있어요. 하지만 그때는 한 사람이 겨우 다닐 수 있을 정도로 좁은 산길이었다고 해요.

　우리는 자동차로 중간쯤 가다가 아직도 녹지 않은 눈길이 위험하기도 하고, 자동차로 가기에는 하늘과 햇빛과 바람과 나무들과 새소리가 너무 좋아 그냥 눈길을 걷기로 했어요. 그렇게 부모님과 옛이야기를 두런두런 나누며 걷다 보니 길이 끝나는 곳까지 오게 되었어요. 바로 그곳이 내가 태어난 데라고요. 덩굴이 무성하게 우거진 산이었어요. 마당이라 할 만한 것도 없었고, 집터 바로 아래로는 작은 계곡 물이 흐르는 옛 그림 같은 풍경이었지요.

"그래 이거야. 내가 생각했던 바로, 이 모습이야. 이래야 나를 설명할 수 있다고. 자연스럽고 털털하고 개구지고 호기심 많은 내가 나인 까닭이지."

참 기뻤어요. 참으로 촌스러운 내가 궁금했거든요. 도시에서 생활한 지 30년도 더 지났는데 여전히 촌스러운, 끝내 도시인으로 물들지 않는 어느 부분이 비로소 이해되었어요. 책에 이런 얘기가 나와요. '긴 여행길에서 많은 걸 둘러보겠지만 결국 포근한 집이 떠오를 거야. 보고 싶었던 것들을 다 보고 나면 길은 너의 자리로 데려다줄 거야'라고요. 이번 여행으로 '지금 여기'를 더 잘 살 수 있을 것 같아요. 여행은 돌아오기 위해 떠난다는 말처럼 이번 여행은 '지금 여기'의 소중함을 새길 수 있어서 참 좋았어요.

아이들한테는
보여 주지 마세요

《딴생각 중》

마리 도를레앙 글 그림
바람숲아이 옮김
한울림어린이
2015

승희 이 책은 주로 어른들과 함께 읽었어요. 특히 학부모 역할을 하시는 분들을 쿡쿡 찌르고 싶어서요. 일종의 마음 찌르기죠.

택주 송곳이구나, 이게.

승희 주로 두 가지 이야기로 찌르는데요, '아이들과 마주 보고 얘기할 때 아이들이 가끔 딴생각을 하면, 그 아이 머릿속에 지금 또 다른 세계가 펼쳐졌다고 생각하고 기다려라, 내 말에 바로 대답하지 않는다고 몰아치지 말아라, 그게 아이가 성장하는 거다' 하고요. 또 다른 한 가지는 '가끔이라도 제발 딴생각하고 사셔라, 딴생각해야지만 행복하다'는 거예요. 그리고 될 수 있으면 아이들하고는 이 책을 잘 안 읽어요.

해진 아이들에게 보여 주지 않아도 되는 책, 안 읽어도 이미 잘 하고 있으니까요.

승희 특히 어른들에게 주문하는 건 아이들을 이해하려고 하기 전에 스스로 수없이 많은 상상을 하면서, 끊임없이 딴생각하면서 살라는 거예요.

이번에 책을 추천하며 글로도 썼지만 전 이 그림책을 보며 《나의 라임 오렌지 나무》가 떠올랐어요. 그 책을 보면 주인공 제제가 '생각한다'는 것을 깨닫는 얘기가 나오거든요. '생각'이라는 말의 사전적 정의보다 이 말이 훨씬 와 닿는 거예요. 그러고 나서 가만히 생각을 해 봤어요. 어른이 된다는 기준이 뭘까? 아이들 보고 '이제 다 컸네'라는 말을 할 때가 언제일까? 곰곰이 따져 보니 자기 존재를 인식하는 거 말고 '다른 존재'를 인식하는 게 저한테는 '아, 이제 컸구나' 하는 기준이더군요. 다른 존재를 인식한다는 건 나를 인식하지 않으면 안 되는 거잖아요. 생각이 크고 철이 든다는 건 세상에 한 존재로 존중받아야 할 '한 사람'이 되는 거구나 싶었고요.

20대 초반에 뭣도 모르고 중학교에서 국어를 가르쳤어요. 첫 수업에 들어갔는데 한 아이가 맨 뒤에서 저를 안 쳐다보고 책상 위만 보고 있는 거예요. 궁금하고 두려웠어요. '아니, 어떻게 저렇게 눈길 한 번을 안 주지?' 다른 애들은 새로 온 풋내기 선생을 만만히 여기며 막 신났거든요. 근데 무언가에 몰입한 그 아이 눈을 방해하지 못하겠더라고요. 아이들이 필기할 때 살살 다가가 봤더니 국어책 맨 뒤에 나와 있는 〈큰 바위 얼굴〉이라는 단편소설에 푹 빠져 있더라고요. 그때 망설였어요. '얘를 건드려 내 수업을 듣게 하는 게 도움이 될까? 아니면 이 소설에 더 빠져 있게 놔두는 게 나을까?' 근데 정말이지 꺼내 올 수가 없더라고요. 그래서 그냥 뒀어요. 수업 끝날 때까지.

제가 학교를 그만두고 다시 기자로 돌아갈 때, 조회 시간에 전교생 앞에서 마지막 인사를 했어요. 조회가 끝났는데 한 아이가 운동장 철봉에 기대어 마치 제제처럼 발로 모래를 줄곧 차고 있는 거예요. 교실로 안 들어가고……. 보니 그 아이더라고요. 저는 그 아이에게 혼자 몰래 '데미안'이라는 별명을 붙였거든요. 그리고 그날 제게 시집을 한 권 갖고 왔어요. 온통 저에 대한 얘기, 국어 수업에 대한 이야기를 두툼한 공책에 펜을 잉크에 담가 손글씨로 꾹꾹 눌러 쓴 걸 주더라고요. 그때 퍼뜩 생각했죠. 내가 그때 너를 가만히 두길 잘했다고요.

또 다른 딴생각은 남과 다른 생각이에요. 다른 생각들이 다 존중받고 저마다 자기 방식대로 사는 것을 인정했으면 좋겠어요. 인정과 존중의 차이가 뭘까 또 고민을 좀 했는데, 다른 생각을 존중해야 한다는 게 기본이겠고요. 또 하나는 끊임없이 우리 모두 비주류, 삐딱이가 되자는 거예요. 그래야 세상이 한 꺼풀 벗겨지고 더 많은 것들이 자유로워질 것 같아요. 하여튼 이 책 처음 봤을 때 엄청 즐거웠어요.

해진 우리가 읽기로 한 책이 선정되면 먼저 한번 쭉 읽고 묻어 뒀다가 나중에 다시 한번 읽거든요. 근데 이 그림이 너무 마음에 드는 거예요. 모두가 자기 안에 이런 새 한 마리를 품고 사는데 그 새를 많이 드러내는 사람이 있고, 적게 드러내는 사람이 있잖아요. 근데 나머지 그림자는 다 그냥 일자, 얼굴 표정도 그냥 다 일자더라고요. 딴생각할 겨를 없이 바쁘게 산다는 말을 들으면 성실하게 열심히 사는 사람이 떠오르는데요, 딴생각은 착실함을 방해하는 요소지요. 그런데 딴생각할 겨를이 없다는 것은 이미 우리 속에 딴생각이 있는데 그것이 떠오를 '겨를'을 주지 않는다는 말이고요. 이미 있는 것을 꾹꾹 누르며 바삐 살아가는 삶이라니, 딴생각만 그럴까요? 적확한 감정도 떠오르지 않게 하고 살고 있지는 않는지.

한의학에서 감정은 '희노우사비경공'으로 칠정이라 하거든요. 한의학에서는 칠정이 지나치면 장부 기혈에 영향을 주어서 병을 일으킬 수 있다고 봐요. 칠정을 막아야 한다는 구절은 없고 지나쳐서 병이 되지 않도록 하라는 거예요. 딴생각은 칠정 중 '사'라 할 수 있지만 근심이라는 뜻보다는 자기 감정을 살피는 것에 가까워요. 그 살핌 속에서 기쁨을 찾을 수도, 슬픔이나 우울을 찾을 수도 있는데 언제든 칠정을 숨기지 않는 것이 마음 건강의 기본이에요. 칠정을 참는 사람은 칠정의 작은 흔들림에도 칠정에 지배되어 멈추지 못하게 되고, 칠정이 넘쳐흐르면 병이 들어요. 슬픔은 슬픔으로, 기쁨은 기쁨으로, 자기를 속이지 않는 것이 마음 건강의 시작이에요.

그림 속 날개를 달고 딴생각 속에 빠져든 삶이 그림자에 드러나는데, 다른 이들의 평범한 그림자, 그리고 무뚝뚝한 표정, 그 표정이 언제 터질지 모르는 시한폭탄으로 느껴졌어요.

선화 제목만 보고 《지각 대장 존》처럼 딴생각한다고 혼나는 책인가? 했는데 표지를 보면서 아닌가 보네 하고 읽었어요.

우리 아이가 생각이 많아요. 한번은 같이 드라이브하고 주차를 했는데 "엄마 조금만 더 있다 가자" 해요. 창밖을 보고 멍을 때리고 있더라고요. 기다렸더니 "이제 끝났어, 가자. 너무 즐거운 생각 저 끝까지 갔다 왔어" 이러는 거예요. 신기했어요.

좋은 생각 끝까지 갔다 오면 얼마나 행복할까요. 근데 가끔은 자기를 괴롭히는 생각도 끝까지 갔다 오더라고요. 그래서 그럴 때는 "네 생각이 다 옳지는 않아. 네가 생각하는 게 다 네 생각이 아니고 맞는 생각이 아닐 수도 있으니 가끔은 생각을 좀 끊어 보기도 해 봐" 이러거든요. 이 책을 보니까 굳이 안 끊어도 되겠구나, 두 가지 생각 다 끝까지 갔다 오면 뭔가가 있겠다는 생각을 했어요. 그리고 저 같은 경우는 집중하고 싶은데 너무 딴생각이 많이 드니까 명상을 해 보고 싶어요. 명상할 때는 딴생각이 안 나겠죠?

택주 명상에서 생각이 나지 않도록 하는 게 알짬(알맹이)이 아니에요. 생각을 지우려는 게 명상을 하는 까닭이 아니라는 말이에요. 생각이 날 때 '이 생각이 떠오르는구나' 하고 알아차리면 돼요. 생각을 어떻게 아우르냐에 눈길을 둬야 해요. 생각이 거듭 나와도 괜찮아요. '이런 생각이 올라오네, 이런 생각도 드는구나' 하고 알면 돼요. 잡생각이 일어나도 상관없어요. 그저 일어나는 생각을 가만히 바라보면서 '이 생각도 나네, 뜻밖이야' 하면, '생각이 없어야 한다는데 어쩌지?' 하며 흔들리는 것보다 훨씬 마음이 놓여요. 마음 놓음이 명상에 깊이 드는 첫걸음이니까요. 마음이 놓이면 생각이 차차 수그러들거든요.

해진 생각을 조절하는 시간? 그러니까 나쁜 생각이 떠오르면 내가 가진 나쁜 생각을 인지하고 다른 생각을 하고. 보통 그렇게 명상을 하거든요.

택주 좋다 나쁘다는 생각마저 내려놓으면 좋겠어요. 이렇다저렇다 판가름하지 않고 생각이 떠오르는 걸 알아차릴 때 명상에 드는 문이 열려요.

영주 딴생각은 '계속하게 하는 힘' 같아요. 자기에 대한 믿음, 좋아하는 것을 거듭 이어가게 하는 힘이요.

결국은 새가 나중에 커지잖아요. 깃털 하나에 딱 꽂혀서 그걸 가지고 뭔가 할 수 있었을 때 참 좋았어요. 의심하지 않고 좋으면 그냥 하는 거.

택주 세종 임금 때에는 생각을 두 가지로 나눴어요. 지난날 겪은 일을 떠올리는 걸 '생각'이라고 하고, 한 번도 겪지 않은 일과 맞닥뜨렸을 때, '어떻게 해야 하지?' 하고 마련(방법)을 떠올리는 걸 '사랑'이라고 했어요. 서로 끌려 어울려 아끼는 사이가 된 사람들이 머리 맞대고 한 번도 겪어 본 적이 없는 앞일을 떠올리면서 '앞으로 어떻게 살아야 할까?' 하고 이 궁리 저 궁리 하며 '사랑'하다 보니 자연스레 요즘 우리가 받아들이고 있는 '사랑'으로 나아간 것이 아닐까 하고 혼자 어림해 봐요.

세종이 한글을 만들고 나서 불경을 풀어놓은 '언해불전'에는 '제비는 생각하고 기러기는 사랑한다'란 말이 나와요. 추운 겨울에는 제비가 따뜻한 강남 갔다 온다고 알고 있어요. 그런 줄 뻔히 아니까 제비는 생각한다고 여겼던 거지요. 그런데 그때 조선 사람들은 기러기는 어디로 가는지 어디서 오는지 잘 몰랐나 봐요. 그래서 이 기러기가 생각하는지 사랑하는지는 알 수 없으나,

사람 생각만으로 어림하여 사랑한다고 여긴 거죠. 아이들이 앞으로 어떻게 살아가야 할지를 그리며 나래를 펴고 꿈을 꾸는 것은 사랑이에요.

해진 선생님이 '딴생각할 겨를'이라고 하셨는데 '겨를'은 제가 참 좋아하는 낱말이에요. '겨를'은 '결'에서 왔어요. 결은 혼자 이루어질 수 없어요. 여럿이 어우러졌을 때 생기는데 빽빽하게 들어서면 딱 붙어서 그냥 하나가 돼 버리고 말아요. 성글었을 때 결이 생기고 더 성글어지면 결과 결 사이에 뭔가 담을 수 있는 틈이 생겨요. 이걸 겨를이라고 하는데 《딴생각 중》 줏대잡이(주인공)도 다른 사람들보다는 성글게 생각이 이리저리 마음껏 날아다녀요. 말을 따라가기도 하고, 사슴뿔 위에 앉기도 하면서 이리저리 날잖아요. 이것이 '겨를'이지요. 이 노란 새가 햐얀 새들 사이에 들어갈 수 있는 것은 하얀 새들이 사이를 내줬기 때문이라는 말씀이에요. 그렇지 않으면 노란 새가 엉뚱한 곳으로 가서 바뀔 수 없어요.

사이를 내어 주는 하얀 새들처럼 낯선 이에게 선뜻 자리를 내어 주는 것이 어울려 살림이라는 것을 함께 생각해 보면 좋겠어요. 이제까지 있던 우리만 우리라고 여겨서 새로 들어오는 누군가를 떠밀어 내는 우리가 아닌, 지난 생각에 매달리지 않고, 새로운 앞으로 나아가는 우리를 빚는 사랑을 하면 좋겠어요.

제가 여기서 말씀드리는 사랑에는 두 가지 뜻이 함께 담겨 있어요. 모르는 앞날을 헤아리며 살길을 열려고, 새로운 뜻을 세우려고 애쓰는 사랑과 어울리는 사이에 깃드는 사랑을 함께 아우르는 말씀이에요.

승희 《딴생각 중》으로 수업을 할 때는 여러 가지 질문을 하는데요, 이 노란 새가 왜 빨간 새가 되었나를 물어봐요.

택주 무르익어서 아닐까요? 처음에 하던 딴생각은 좀 서툴러요. 그림을 보면 이렇게 들어가기도 하지만 이렇게 반쯤 비치기도 하면서 가요. 그러다가 무르익으면서 확 퍼지잖아요. 자기 믿음이 붙었다는 얘기예요. 그렇게 집으로 돌아와서 놀라운 일을 겪어요. 펄럭펄럭 날던 깃털이 계급장처럼 앉게 되고, 마침내 글을 쓰는 깃털로 바뀌잖아요. 저는 이걸 스스로 굳게 믿는 모습으로 봤어요. 스스로 굳게 믿어서 '나는 이제 누가 어떻게 해도 흔들리지 않아' 하게 된 거지요. '무르익어서' 붉어졌다고 받아들였어요. 묻지 않았으면 떠오르지 않았을 생각인데 역시 좋은 선생은 다르네요.

승희 아이들은 아주 쉽게 얘기를 해요. '맨 처음에 빨간색이었잖아' 라고요. 정말 맨 처음에는 빨간색이었어요. 주인공이 다른 세상으로 가면서부터 상상의 딴 세계에 머물죠. 주인공이 무언가를 울퉁불퉁하게 겪어 낸 일들은 다 빨간색인 거예요. 빨간 물고기들과 달리기 시합도 하고, 여기저기 부딪히기도 하고, 그러니까 끊임없이 사건을 겪어서 내가 성장한 단계들은 다 빨간색이었어요.

아이들한테도 또 물어봐요. "주인공은 수업할 때 왜 딴생각을 하게 됐을까?" 부모님은 딴생각을 그만하라고 피아노를 사 주죠. 그러나 주인공은 '음악이 너무 아름다워서' 딴생각을 할 수밖에 없는 거예요. 음악이 지루한 게 아니라 아름다워서, 그것도 너무 아름다워서 그 속에 푹 빠진 거예요. 그러니까 어른들한테도 무언가에 빠지시려거든 확실히 끝까지 빠지시라, 그게 진짜 딴생각의 경지에 든 거라고 말해요. 세상이 아름답다는 걸 본격적으로 느끼고 세상의 경험들을 자기 것으로 소화하자는 거죠.

영주 비슷한 생각을 했어요. 원래 꼴대로 살아가지 않을까요? 자기 생긴 모습대로요. 그런데 어른들이 이렇게 저렇게 다듬어 놓으니 아이들이 나중에 진로를 정하거나 할 때 "저는 뭘 좋아하는지 모르겠어요. 뭘 해야 하는지 모르겠어요"라고 해요. 꼴대로 자라지 못해 다 잃어버린 거지요.

승희 돌아가면서 우리는 딴생각을 언제 하는지 얘기해 보면 좋을 것 같아요.

영주 저는 딴생각을 많이 해요. 다음에 이야기 나눌 책인 《병아리》를 읽으면서 〈엉덩이 시리즈〉를 만들면 되게 재밌겠다고 생각했어요. '그럼 똥꼬가 입이 되려나?' 생각하며 혼자 킥킥 웃었어요.

해진 저는 거의 안 해요. 바쁘게 사니까 딴생각할 겨를이 없는데, 처음 잡지에 연재할 때 글에 대한 생각을 내내 해야 하는 거예요. 그런데 한 5년쯤 하니 습관이 되어서 운전하는 동안 '이번엔 이렇게 해서 이렇게 쓰면 되겠지' 하고 딴생각을 많이 하거든요. 근데 이상하게 사고 한번 안 나고 한의원에 와 있네요. 책 보며 반성 많이 했어요. 제가 딴생각 안 하는 어른 중에 하나여서.

선화 예전에는 음악을 들으면서 산책하면 기발하고 재미난 생각들이 불쑥불쑥 떠올라서 돌아오는 길이 뿌듯했거든요. 요즘에는 산책할 때 아무것도 안 떠오르는데 씻을 때 그래요. '아하' 타임이 바뀐 것 같아요. 갈팡질팡하던 문제가 가닥이 잡히고, 한 끗 차이로 더 즐겁게 해결할 수 있는 방법이 떠오르고, 갑자기 보고 싶은 사람이 생각나기도 하고요. 그래서 고민이 있을 때는 오래오래 씻어요. 가끔 실없는 생각도 하지만요.

승희 말씀 듣다 보니 '딴생각'은 다름 아닌 '알아차림' 아닐까 싶어요. 진짜 알맹이 있는 생각을 하는 걸 우리가 '딴생각'이라고 표현하는 것 같거든요. 저는 주로 영화관, 그리고 욕조에 들어가 앉아서 딴생각을 해요. 또 버스 타고 기차 타고 달리는 동안 밖을 내다볼 때 또 어마어마하게 소설 몇 권 쓰고요.

택주 기록이 생각을 다 담아낼 수 없는 거죠. 생각을 글로 잘 드러낼 수 있는 사람들이 글쟁이가 되는 것 같아요. 그런데 저는 딴생각을 잘 하지 않아요. 멍때릴 때는 그냥 멍만 때려요. 아무 생각도 안 해요. 요즘에는 명상도 안 하는데 사람들하고 어울려 명상하고 앉아 있으면 30분이 지나든 50분이 지나든 금세 지났다거나 오래 걸렸다고 하는 느낌이 없어요. 별생각이 들지 않거든요. 생각이 떠오른다기보다 뭐를 써야 할 때라야 생각을 짜내는 것 같아요.

한동안 글을 못 썼어요. 생각을 지어내지 못해서 그래요. 아이들이 '어떻게 놀지, 누구랑 뭘 하고 놀까?' 하고 생각하는 데 견주면 나는 너무나 메마른, 설렘도 없고 그냥 생각 없는 어른인 거예요.

영주 택주 선생님 말씀 들으니 저는 유치하기 짝이 없네요. 《병아리》를 보고 '엉덩이'를 생각했다고 그랬잖아요. 아침에 오줌을 누는데 완전 계곡물 흐르는 소리처럼 들렸어요. 너무 좋았어요. 귀를 기울이다 보니 눈을 감아야 할 것 같더라구요. 눈을 감고 들었어요. 그랬더니 계곡이 시작돼서 물이 졸졸 흐르는 거예요. 그리고 나니 내가 마고 할미처럼 아주 어마어마하게 큰 존재가 된 거예요. 그 순간이 너무 행복했어요. 완전 유치하죠.

택주 영주 선생님은 산골에서 태어나 살았잖아요. 늘 자연에 파묻혀 살았을 테지요. 그런데 저는 자연에 담길 겨를이 없었어요. 70여 년 전에 태어났다고 해도 서울에서 나고 자라서 그런지 자연을 누리지 못했어요. 어려서부터 정서가 메말랐던 거예요. 졸졸 오줌 누는 소리가 시냇물 소리로 들릴 수 있던 것은 자연에 흠뻑 젖어 살았기 때문이에요. 애써 핑계를 대자면 많이 보고 많이 느낄수록 넉넉한 상상력을 가질 수 있다는 말이에요.

이곳에 있으면서
다른 곳에도 있는 법

승희

"전 소리를 내지 않고도 노래할 수 있어요. 제가 어렸을 땐 제 속에 작은 새가 있어서 그 새가 노래를 한다고 생각했어요. 요즘은 작은 새가 있는지 정말 의심이 간다구요. 어떤 때는 마음속으로 얘기도 하고 보기도 하면서 소리 내어 말한단 말이에요."
"제제, 그게 뭔지 아니? 네가 자라고 있다는 증거란다. 커가면서 네가 속으로 말하고 보는 것들을 '생각'이라고 해. 생각이 생겼다는 것은 너도 이제 곧 내가 말했던 그 나이……."
"철드는 나이 말인가요?"
"잘 기억하고 있구나. 그땐 기적 같은 일들이 일어나지. 생각이 자라고 커서 우리 머리와 마음을 모두 돌보게 돼. 생각은 우리 눈과 인생의 모든 것에 깃들게 돼."

- 《나의 라임 오렌지 나무》, J.M. 바스콘셀로스 글, 박동원 옮김, 동녘, 2003

그림책《딴생각 중》을 읽으며 내내《나의 라임 오렌지 나무》주인공 제제를 떠올렸습니다. '이곳에 있으면서 다른 곳에도 있는 법'을 알게 된《딴생각 중》주인공처럼 말입니다.

그리고 또 한 순간이 떠올랐습니다. 잠깐 중학교에서 국어를 가르쳤는데 첫 수업 하던 날, 새로 온 국어 선생이 어떤 사람인지 다들 호기심 어린 눈으로 쳐다보는데 한 아이만은 저를 보지 않았습니다. 맨

뒷자리에 앉아 무언가에 빠져 책상 위만 보았죠. 기척 없이 다가가 살펴보니 국어책 속 〈큰 바위 얼굴〉을 읽고 있었습니다. 제가 다가가는 것도 모른 채 말이에요. 한마디로 '딴생각 중'이었던 거죠. 그 아이의 눈은 문장 속에 푹 빠져서 문장과 하나가 된 것 같았습니다. 저는 차마 그 아이를 글 속에서 꺼내 올 수 없었습니다. 그래서 수업이 끝날 때까지 가만히 두었습니다. 아니, 기다렸다고 해야겠네요.

　지금도 사람들에게 말할 기회가 오면 주저 없이 말합니다. '딴생각'을 꼭 하셔야 한다고요. 누군가 '딴생각' 하는 것 같으면 잠깐만 기다려 주자고 부탁합니다. 누구도 예기치 못한 기적이 일어날지 모르니까요. 여기서 '딴'이란 말은 '다른'을 뜻하기도 하고 '상상'을 뜻하기도 해요. 다양한 사람들이 다양한 모습으로 원하는 삶을 살았으면 좋겠습니다. 그러려면 '딴생각'들이 존중받아야 하죠. 존중받으며 사는 건 행복한 일이잖아요. 또 상상할 줄 아는 사람으로 살았으면 좋겠습니다. '음악이 너무 아름다워서' 딴 세상으로 떠난 주인공처럼 작은 음표에서 아름다움을 상상하고, 버려진 쓰레기에서 아픔을 상상하고, 추위 끝자락 햇살에서 기쁨을 상상하고, 저절로 떨어져 핀 개망초에서 고독을 상상하는 그런 사람 말입니다. '딴생각'을 통해 높이 날고 깊이 헤엄치고 넓게 아우르는 사람들이면 좋겠습니다. 우리 모두가……。

우리는 모두
병아리였습니다

《병아리》

다비드 칼리 글
다비드 메르베이유 그림
김영신 옮김
빨간콩
2021

선화 이 책에서 나온 질문, 작가란 뭘까요? 왜 글을 쓸까요? 이 두 가지 이야기만 나눠도 충분할 것 같아요. 저는 이 책을 읽으면서 굉장히 부끄러웠던 기억이 떠올랐어요.

'브런치북 프로젝트'에 응모하려고 글을 썼는데 제출 직전에 버벅거리다가 그만 시기를 놓쳐 버렸어요. 자책하고 있는데 마침 전자책으로 출판을 해 보자는 제안을 받았어요. 갑자기 '나, 글 좀 쓰나 본데?' 하는 자만심이 차올랐어요. 그즈음 마침, 집 앞 도서관에서 유명한 출판 편집자가 진행하는 글쓰기 특강이 열려서 참여했어요. 어떻게든 그분 눈에 띄고 싶어서 욕심을 부렸어요. 쓴 글을 사람들 앞에서 낭독하는데 얼굴이 확 달아오르는 거예요. 선택당하고 싶은 마음에 읽기에도 민망한 글을 쓴 거죠.

그 편집자가 《에고라는 적》이라는 책을 권해 줬어요. 찬찬히 읽어 보니 제가 자만심이라고 생각했던 게 다 '에고'더라고요. 《병아리》의 작가도 '에고'를 던져 버린 다음부터 사랑받는 책을 쓰게 되잖아요.

영주 책 읽는 건 좋아하지만 글 쓰는 걸 잃어버렸는지 아예 쓰지를 않았거든요. 그래서 올해 목표가 한 글자라도, 뭐라도 그냥 한 번 써 보자였어요. 그런데 글 쓰는 방법까지 친절하게 알려 주는 고마운 책을 만났네요.

"이제 시작하는 병아리인데 어때?" 그래서 부끄러움이나 이런 거 아무것도 없이 그냥 "그래 나 병아리야, 그리고 우리는 다 병아리야" 이렇게 배짱도 부려 보고요.

택주 '병아리인데 어때?'라는 말에 모래를 좀 확 끼얹을게요. 무대에선 병아리라고 봐주지 않아요. 장닭과 병아리가 똑같이 싸워야 해요. 병아리가 장닭하고 싸워야 한다고 생각하면 덤비기 쉽지 않아요. 그런데 눈에 콩깍지가 씌었다면 어떨까요? 앞이 어른거려 뚜렷하게 보이지 않아요. 그러면 덤빌 수 있어요. 해야 한다는 생각이 씌이면 눈에 뵈는 게 없어져요.

제가 처음 쓴 책이 2010년에 나왔어요. 50대 중반이 될 때까지 일기도 써 본 적이 없어요. 제가 가까이서 뵌 법정 스님은 따뜻한 분인데 날카로워서 가까이 가기만 하면 베일 것 같다는 분들이 많았어요. 이분이 참 정겨운 사람이라는 걸 알리고 싶어서 다섯 해 동안 글쓰기를 익힌 끝에 펴낸 책이 《법정 스님 숨결》이에요.

승희 저는 호흡이 되게 짧은 편이라 시가 좋고 그림책이 좋아요. 그리고 그림책도 글밥이 많은 책보다 적은 책이 더 좋고요. 이 책에서도 작가가 열심히 쓰는데 출판사에서는 답이 딱 한 줄 오죠. "좀 단순하게 쓰시면 어떨까요?"라고. 그런데 단순하게 돌아가는 거, 그게 쉽지 않잖아요. 선화 선생님께서 아까 '에고'를 버리고 편안하게 쓰는 거, 그게 쉽지 않다고 하신 것처럼. 단순하다는 것이 사실은 단순함 아래에 깊고 넓은 게 다 들어차야 하는 것 같거든요. 시가 그러지 않을까 해요.

이기주 씨가 쓴 《언어의 온도》라는 책에 "라이팅은 리라이팅이야"라는 말이 나와요. 즉, 글을 쓴다는 건 다시 고쳐 쓰는 거라고 하더라고요. 저는 써 놓고 내가 얼마나 허세를 부렸을까 싶어 못 읽겠어요. 오늘 글 보내 놓고 내일 다시 읽으며 또 고칠지도 몰라요.

택주 흔히 말하듯이 쓰라고 하는데, 글을 말하듯이 쓰면 앞뒤가 없어 읽는 이가 무슨 말을 하는지 갈피를 잡기 어려워요. 말하는 것처럼 보이도록 쓰라는 것은 말하듯이 쓰면 술술 읽혀서 그러는 거예요. 말하듯이 써 놓고 글이 놓인 차례도 바꾸면서 거듭 다듬어 내고 나면 글이 짜임새 있어요. 고치고 또 고쳐도 나중에 보면 고칠 데가 또 나오는 게 글이에요.

해진 여기 '왜 글을 쓸까요?' 이 부분이 저는 다 틀린 말 같아요. 그러니까 남들한테는 이렇게 얘기하지만, 사실은 글을 쓰면 물론 돈도 생기지만 돈을 벌기 위한 것도 아니고, 인정받기 위한 것도 아니고, 이게 영원히 남을지 안 남을지 그거는 아무도 모르는 거잖아요. 그러니까 자기 의도보다는 다른 사람들 평가가 글의 생명을 연장하는 것 같아요. 작가가 글을 쓰다가 병아리 그림을 그린다고 갑자기 물감을 던지잖아요. 그냥 던지는 거예요. 던졌는데 사람들 입맛에 맞아서 이게 차오르는 거 같거든요.

택주 제가 살아온 얘기를 담지 않으면 죽은 글이 되기 쉬워요. 제 얘기는 제 속에서 나왔으니까 뜨거워요. 다른 사람 생각을 옮기려면 아무래도 느낌이 덜 살잖아요. 제가 겪은 얘기보다는 사람들이 맞장구를 덜 치더라고요.

해진 오히려 스스로 글을 잘 쓴다고, 많이 안다고 생각하는 사람들이 좋은 글쓰기가 더 안 되는 것 같아요. 저는 "나는 글을 잘 못 써" 그러니까 일단 보내 놓고, 편집자가 '이 부분 고쳐 주세요' 하면 다 고쳤어요. 다 내려 놓고 '나는 전문가가 아니야!' 인정하고 써야만 더 용감하게 쓸 수 있는 것 같아요

택주 그림이 너무 고와요. 아주 익살스럽기도 하고 실감 나요.

영주 마지막 장면이 참 재밌었어요. "선생님은 어린이들이 사랑하는 병아리 덕분에 유명해지셨습니다. 지금까지 어른을 위한 글을 쓸 생각은 한 번도 해 본 적이 없으신가요?" 이 부분이요. 이 책, 어른을 위한 책 아니었나요? 지금 어른들이 함께 읽고 이야기 나누고 있잖아요.

해진 그리고 이 굴레에서 벗어나고 싶었을지도 모를 것 같아요. 그러니까 중간에 언젠가는 한번은 벗어나고 싶었겠죠. 근데 그게 삶인 거죠.

영주 그리고 결국 내 병아리와 화해하는 것 같아서 그것도 좋았어요.

☕ 고민 끝에 만난 해답

선화

　드디어 첫 소설을 완성한 작가(소설을 썼으니 이제 작가라고 자부한다)는 너무 기뻐 잠을 이루지 못했다. 기대를 잔뜩 품고 출판사에 원고를 보냈으나 돌아온 답은 거절! 거절이었다. 작가는 실망감에 휩싸여 한동안 아무것도 못 했다. 마음을 다잡고 여러 출판사에 원고를 보냈지만 연이어 거절당했다. 하늘이 무너진 것 같았지만 다시 힘을 내서 두 번째 소설을 완성했다. 뿌듯함에 가슴이 뻐근했다.
　'그럼 그렇지!' 출판사에서 온 편지를 받고 작가는 덩실덩실 춤을 추었다. 그런데 웬걸 다음 페이지 전체가 불이 붙은 듯 빨갛다. 이번에도 거절이었다. 출판사 한 곳에서 거절한 이유를 적어 보냈다.
　"문장을 단순하게 쓰세요. 그럼 훨씬 더 읽기 쉬울 거예요."
　작가는 모욕감을 느꼈다. 출판사에 복수하기로 마음을 먹었다. 그날 저녁(위대한 작가가 탄생하는 순간이다), 작가는 어리석은 병아리를 주인공으로 하는 글을 썼다. 주인공에게는 가장 흔한 이름을 붙였다. '병아리'라고. 며칠 뒤 작가는 편지 대신 전화를 받는다. 잔뜩 흥분한 편집자가 당장 계약서를 보내겠다고 했다. 책은 대성공을 거두었다.
　병아리 작가가 위대한 작가로 변모할 수 있었던 이유는 뭘까? 글을 잘 쓰고 싶은 마음에 찾아간 어느 자리에서 내 글에 대한 품평 대신 책《에고라는 적》을 읽어 보라는 권유를 받았다. 숨고 싶은 마음으로 펼친 책에서 '에고'라는 적을 만났다. 책에선 '에고'를 자기 자신이 가장 중요한 존재라고 믿는 건강하지 못한 것이라고 정의했다. 자만심, 재능의 범주를 초월하는 우월감과 확신도 '에고'라고 했다. 병아리 작가가 어깨에 뽕을 가득 올리고 쓴 글이 '에고'에 눌린 글이었던 셈이다. 분노에 가득 차서 노란색 물감을 듬뿍 묻힌 붓을 힘껏 뿌렸을 때 작가의 에고가 적에서 동지로 돌아섰다.

그러니 기억하자. 위대한 작가도 한때는 병아리였다는 것을. 나에게도 '에고'가 드글드글하다는 것을.

누구에게나
오두막이 필요하다

《나의 오두막》

로이크 프루아사르 글 그림
정원정·박서영(무루) 옮김
봄볕
2022

해진 책을 보는데 원화가 보고 싶더라고요. 원화도 이 색깔일까?

선화 봄, 하면 떠오르는 색을 원색으로 산뜻하게 썼어요. 선에도 뾰족한 구석이 하나도 없고요. 동글동글하고 몽실몽실하고, 새의 날개도 둥글둥글해요. 호수를 바라보는 장면은 그림이 크지도 않은데 시야가 트이는 느낌이 들더라고요. 주인공이 폭포에서 발가벗고 뛰어내리는데 대리 만족도 확 느껴지고요.

택주 이 사람은 어떤 일이 있어도 산에서 얼어 죽거나 하지는 않을 것 같아요. 비옷에 바람막이에, 숲에서 살아갈 수 있는 것들을 다 마련해 가져가죠. 달팽이, 버섯, 새들이 곳곳에 숨어 있어요.

숨은그림찾기 해도 될 것 같아요.

영주 아이들한테 보여 줬더니 나무가 다 사람처럼 보인대요.

택주 그렇게 볼 수도 있겠어요. 다 똑같이 살아 있으니까. 따져 보면 사람은 '살아 있는 이'라는 뜻이니까요.

승희 제 오두막은 영화관인 것 같아요. 영화관과 우리 도서관, 더러는 미술관. 사람이 아무리 많아도 그 숲에서 항상 혼자였고, 거기서 혼자인 게 좋고. 특별한 일이 없으면 영화관으로 달려가거든요. 최근에는 코로나 때문에 사람이 없어서 가끔은 무서운데 우리 집 같이 편해요. 영화가 키워 주는 게 얼마나 많은지, 쉬고 충분히 만끽하고 또 팝콘도 먹고 콜라도 먹고.

해진 제 오두막은 한의원 제 방이에요. 집에는 제 공간이 따로 없어서요.

승희 지금도 가끔 내 방이 생기는 꿈을 꿔요. 정말 간절했던 청소년 시기에 내 방이 없었는데, 언제쯤 내 방이 생길까? 그런 생각을 많이 했죠. 어린 시절 강원도에서 자랐는데 그 지역 풍습에 반찬이 밥상 위에 줄 맞춰 놓이면 그날은 손님이 온다는 거였거든요. 하도 집에 손님이 많이 와서 일부러 반찬 그릇을 막 헤집어 놓았던 기억도 나요. 손님 오면 방을 내주거나 같이 자야 하니까요.

영주 나이를 먹어도 그런 것 같아요. 요즘엔 시골엘 자주 가니까 엄마가 혹시나 딸이 올까 하고 밥을 미리 해 놓고 기다려요. 그러면서 저한테 "너는 애 셋을 어떻게 키웠니?" 해요. "엄마는 다섯을 키웠잖아?" 하면 "우리 때는 힘든 줄 모르고 키웠어. 그냥 내놓고 키웠는데 요즘 자식 키우는 건 그렇지가 않잖니?" 그러면서 제 오두막이 되어 주세요.

《나의 오두막》을 초등학교 2학년 아이들에게 읽어 줬어요. 그리고 나서 "그림 작가님이 그림을 그렸으니까, 너희들이 이제부터 글을 쓰는 거야" 하고 글을 쓰게 했어요. 근데 아이들이 '뿌듯하다'는 말을 여러 번 써요. 달이 떠도 뿌듯하고, 물고기 잡은 것도 뿌듯하다면서 너무 즐거워해요. 스케치북 뒤에 1분씩만 쓰자고 했는데, "아니 조금만 더 보고요, 아직 못 썼단 말이에요" 하며 열심히 써요. 아이들 글을 보니까 하고 싶은 일이 너무 많은 거예요. 아이들에게도 오두막은 필요한 거지요.

그래서 알았어요. 해야 하는 것을 하는 게 아니라 하고 싶은 걸 해서 뿌듯하고 뜨겁구나. 그래서 더욱 '우리가 하고 싶은 걸 더 할 수 있으면, 더 넉넉할 수 있겠다' 하는 생각을 했어요.

선화 제 오두막은 차예요. 운전을 시작한 뒤 처음 한 달은 아주 무서웠는데, 지나고 나니 '이 좋은 걸 왜 여태 안 했지?' 하는 억울한 생각까지 들었어요. 제가 가진 앨범 가운데 가장 시끄러운 '옌스 요한슨'의 앨범을 챙겼어요. 소리를 가장 크게 틀고 메탈 음악을 들으면 스트레스는 풀리고 기분은 더 고조되어 황홀해요.

집에 도착하면 주차장에서 잠시 머물러요. 모드 전환이 필요하니까요. 가끔은 카맥도 즐기고요. 아이들이 어릴 때부터 혼자만 있을 수 있는 공간에 대한 갈증이 컸는데 급하게 시작한 운전 덕분에 차가 저한테는 정말 없어서는 안 되는 소중한 오두막이 됐어요. 언젠가는 냉장고가 장착된 차 안에서 시원한 맥주를 마시고 싶어요.

영주 누구에게나 오두막은 있어야 하는가 봐요. 너무 공감해요.

택주 오두막이 있어야 한다는 말씀을 듣고 보니 서재가 있는 나는 기득권이네요.(웃음) 한동안 책들을 모지리 도서관에 갖다 놓으려고 몇 권씩 가져갔어요. 그러다가 회전근개손상이라고 팔이 아파서 책을 들고 가지 못하니까 책상 위고 방바닥이고 쌓여 넘쳐나 오두막이 마치 소굴처럼 바뀌었어요. 다른 이들은 홀로 있으면 외로움을 탄다고 하는데 저는 잘 누려요. 밖에선 어울리기 좋아하는데 일주일 내내 집에 있어도 끄떡없어요.

집에 있을 때는 끼니 때마다 밥을 차려 먹다 보니 글을 써야 하는 날엔 쫓기기도 해요. 그러면서 밥상만 차려도 틈이 없다고 느끼는데, 주부들이 밥하랴 빨래하랴 청소하랴 아이 돌보랴 하려면 참으로 쉴 새 없겠구나 싶더라고요. 오두막살이도 마찬가지일 테죠?

처음에는 그냥 오두막이 좋다고 생각했어요. 그런데 천천히 보다 보니까 이 사람은 오두막에 오면서 우비와 바람막이를 비롯해 바비큐 굽기까지, 살아가는 데 없어선 안 될 것들을 다 마련해 왔다는 걸 알아차렸어요. 도시를 벗어나려면 스스로 제 앞가림을 할 수 있는 힘을 길러야 하겠구나 싶었어요.

승희 이십 대에 제 오두막은 경춘선이었어요. 틈만 나면 기차를 타고 춘천에 가서 친구들 만나거나 그냥 혼자 놀다가 왔거든요. 그렇게 혼자 있는 그 시간이 저를 키웠고, 삼십 대 때는 대전으로 또 친구들을 찾아 그렇게 갔어요.

택주 그건 오두막이 아니라 역마살이라고 해야 맞지 않겠어요?(웃음)

승희 맞아요, 역마살이 많긴 해요. 지금 든 생각인데요, 역마살이 많으면 평생 오두막이 아니라 방도 못 가질 팔자 아닌가요?

택주 아니요, 오두막이나 방을 누리더라도 또 다른 걸 누리려고 거듭 눈을 돌리는 사람이라고 봐야 하겠네요.

승희 지금 제 오두막은 영화관이에요. 언제든 또 바뀔 수도 있겠죠. 버스든 기차든 자동차든, 달리는 차는 저한테 굉장히 중요한 오두막이네요.

해진 사랑도 움직이고요. 오두막도 움직이는 거예요.

영주 "자연은 잠깐 빌려 쓰는 거야. 예의를 갖춰!"라고 얘기하는 것 같았어요. 마음껏 누리는 거 좋아요. 대신 조심조심 잘 빌려 쓰고 망가뜨리지 않았으면 좋겠어요

택주 사람도 자연이잖아요. 동무가 됐든 사랑하는 사람이 됐든, 무슨 사이라도 그 순간만 내가 빌리는 거지요. 그런데 내가 사랑하는 사람이니까 혼자 차지해야 한다고 여기는 데서 엉클어져요. 데이트 폭력이 일어나는 까닭이기도 하고요.

이 책을 거듭 보면서 우리가 생각 없이 보았던 걸 하나씩 새겨 보면 좋겠어요. 왼쪽에서 나무에 애벌레가 이렇게 쭉 붙어 있다가 오른쪽 똑같은 오두막 장면이 나올 때는 애벌레가 이렇게 몸을 구기고 있다든지, 움직임 하나하나를 정성스럽게 드러내는 것을 여러 번 보면서 곱씹을 만해요. 참 단순한데 섬세하고.

누가 어른 다섯이 그림책을 펴놓고 찬찬히 보면서, 깊이 들어갈 줄 알았겠어요? 모임 만들 때는 생각지도 못하던 일이에요. 여럿이서 받은 느낌을 나누니까, 내가 혼자 봤더라면 얻을 수 없는 것들을 얻게 되어 좋아요. 이런 인연이 쉽겠어요? 아무리 자주 만나더라도 이런 속 깊은 얘기들을 꺼내 놓고 나눌 수 있는 사이가 얼마나 되겠느냐고요.

나의 오두막, 우리의 오두막

선화

아! 나도 갖고 싶다, 나의 오두막을. 실마리가 보이지 않는 일을 몇 달째 붙들고 있다 보니 오두막이 간절해진다. 미세먼지도 지겹고, 볕이 들지 않아 공기가 무거운 사무실도 벗어나고 싶고, 크고 작은 삐그덕거림이 버티고 있는 관계들도 버거워서, 나도 잠시 다녀오고 싶다, 나의 오두막으로. 나의 오두막은 초록이 뭉게뭉게 피어나는 깊은 숲속에 있어 찾기가 쉽지 않다. 오두막이 자리한 숲은 모든 게 둥글다. 뾰족함이라고는 찾아볼 수 없다. 줄기도 가지도 보이지 않을 만큼 빼곡한 나무들은 사이좋게 둥글다. 새들은 시금치 이파리 같은 날개로 우아하게 날갯짓한다. 순해진 마음으로 책장을 넘기면 오두막을 향해 걸어가는 그이가 먼저 보이고, 그이와 똑같은 옷을 입고 있는 오두막이 이어서 보인다. 세상에! 이런 깔맞춤이라니! 택주 선생님도 울고 가실 센스다!

그이는 오두막에 도착해 청소를 하고 바베큐 그릴을 꺼내 놓는다. 그런 다음 숲으로 들어간다. 숲을 탐색하고, 드넓은 호수를 조망하고, 비를 맞고 내친김에 폭포에서 알몸 다이빙을 하고 밤하늘 아래서 잠을 잔다. 흔들의자에 앉아 기타를 튕길 즈음에는 '평화롭다' 소리가 절로 나왔다. 그러다가 슬쩍 웃음이 났다. 혹시 그가 기타로 '예쁜 아기곰'을 부르는 건 아닐까 하는 생각이 들어서다.

오두막 주인인 그가 도착했을 때부터 줄곧 오두막 주변을 서성거리던 곰이 한 마리 있다. 곰은 거리를 두고 주인장을 살핀다. 얼굴만 빼꼼, 엉덩이만 삐죽 보이던 곰은 그를 계속 따라다니다가 스르륵 경계를 푼다. 그이도 어느 순간 곰의 존재를 눈치채지만 모르는 척하며 곰을 챙긴다. 작가가 만들어 놓은 적당한 거리가 마음에 쏙 들었다. 그 거리 덕분에 '나의 오두막'은 '그들의 오두막'이 되었다.

동네에 오두막을 여러 채 갖고 있는 사람이 있다. 첫 번째 오두막은 강원도에 바다가 보이는 곳에 있는 '윤슬'이다. 윤슬은 그이보다 동네 사람들이 가는 날이 훨씬 많다. 그이의 두 번째 오두막은 집 근처 농막이다. 주말이면 피곤이 잔뜩 묻은 사람들이 그이 농막으로 찾아든다. 세 번째 오두막은 그이 집이다. 그 집은 동네 사람들의 쉼터이자 교류 장소다. 우리는 주인장이 제공한 오두막에서 따로 또 함께 한다. 마음 넓은 주인장 덕분에 다채로운 오두막을 갖게 되었다.

책의 마지막, 주인장이 아쉬운 표정으로 숲을 내려가자 곰이 오두막 계단을 오른다. 이제 오두막은 다시 곰의 차례가 되었다. 엉덩이가 낄 것 같은 흔들의자에 앉아 주인장이 두고 간 모자를 쓰고 주인장의 책을 꺼내 읽는 곰이, 당분간은 오두막의 진짜 주인이다.

심심함이
주는 힘

《심심해서 그랬어》

윤구병 글
이태수 그림
보리
1997

영주 오늘 좀 일찍 왔어요. 주차하고 자동차 좌석을 뒤로 눕혀서 창밖으로 하늘을 보는데 나무들이 겹겹이 보이고, 빗물은 똑똑 유리창에 떨어지고. 그 모습이 너무 재밌어 즐기고 있는데 누가 전화를 했어요. 죽고 싶은 마음이 들었다고, 살아 보려고 전화할 사람을 찾다 보니까, 아는 전화번호는 이백 개가 넘는데, 전화할 사람이 없더래요. 그러다가 제가 떠올랐대요. 그래서 삼십 분쯤 통화하고 나더니 이제 좀 살 것 같다는 거예요. 저 오늘 한 사람 살렸어요. 제 심심함은 좀 깨졌어도 아주 뿌듯합니다.

해진 심심함으로 마음을 딱 가라앉히고 계셔서 그 전화가 쏙 들어온 거잖아요. 마음의 여유도 있고. 근데 정신없이 바쁠 때 그런 전화가 오면 "뭔 소리 하는 거야? 몰라, 나중에 얘기해" 이렇게 말이 나와 버리는데요.

영주 그이가 오늘 오롯이 자기 이야기에 귀를 기울여 들어줄 사람이 필요했다고 해서 '아, 오늘은 그이를 보듬으라고 심심할 틈이 주어졌나 보다' 했어요. 저는 심심함이 아이들이 클 수도 있는 겨를이라고 생각하거든요. 그런데 요즘은 그걸 방임, 방치라고 많이들 얘기해요. 그러면서 엄마가 직무 유기를 하고 있다고, 일하는 것도 아니면서 아이들을 저렇게 내버려둘 수 있냐고요.

해진 방임과 방목이 한 끗 차이인 것 같아요. 보는 사람들 시각에 따라서 나는 방목을 한다고 생각하는데 너무 내버려둔다고 하는 사람들도 있고, 어떤 사람들은 애 숨 쉴 틈 없이 저렇게 애를 키워야 하나 하고요.

택주 책 제목이 요즘 세상과는 어울리지 않는 것 같지 않아요? 요즘 아이들이 심심할 겨를이 있을까요? 스마트폰으로 뭐든지 할 수 있으니 아이들이고 어른이고 심심한 겨를이 없죠.

비가 막 쏟아지고 나서 너누룩해지면 흙탕물이 가라앉아요. 그러면 다시 물이 맑아져요, 이럴 겨를 없이 거듭 내리꽂히기만 하면 이게 물인지 흙인지 알 수가 없어요. 그러니까 요즘 사람들은 물인지 흙인지 가려볼 수 없는 지경에 놓인 거예요.

정치인들이 붙여 놓은 현수막 보세요. 이쪽저쪽 할 것 없이 거칠기 그지없어요. 어떻게 저렇게 모진 말을 아무렇지 않게 할 수 있지 싶은데 서슴지 않아요. 아무리 좋은 뜻을 내놔도 맞은 쪽이 말한 건 헐뜯고 깎아내리고요. 헐뜯지 않으면 우리 쪽에서 나를 받아들이지 않을 것 같은 두려움, 아이고 어른이고 그런 두려움에 떨고 있어요.

두려워하거나 안달하는 것이 요즘 우리 모습이에요. 사회가 우리를 숨 쉴 겨를도 없이 몰아세우잖아요. 겨를을 찾을 수 있도록 해 줘야 해요. 심심해야 해요. 억지로라도 멍때리고 있어야 해요. 아이들을 네모난 방에 가두지 말고 좀 풀어놓고요. 풀어놓을수록 아이들이 스스로 하는 힘을 찾을 거예요. 정신 좀 늦게 차리면 어때요? 요즘 아이들은 백 살은 너끈히 넘기며 살 텐데.

우리는 우리 아이가 바르기만을 바라요. 그런데 바르다는 게 뭔지 생각해 보셨어요? 반듯한 걸 잣대로 놓았을 때 바른 것이 좋다고 받아들여요. 틀린 것은 잘못이라고 하는데, 등나무나 칡은 틀어져 있어요. 틀어져야 살아요. 틀어져서 아름답고요. 그런데 우리는 참나무란 잣대를 갖다 대고는 등나무에게 너는 틀렸다고 얘기한단 말이에요.

어째서 이렇게 되었을까요? 심심할 겨를, 숨 쉴 겨를을 다 없애 놔서 그래요. 스스로 숨 쉴 겨를을 다 막아 놓고 나서 숨을 쉬겠다고 헐떡거리는 게 우리예요. 꽉 채워 살려고 하지 말고 그냥 좀 덜 살아도 괜찮고, 덜 누려도 괜찮다고 받아들이면 숨통이 트여요. 또 끝까지 해야 한다고 여기지 말고 죽도록 하지 않고 하다가 말아서 좋다고 여기며 살면 좀 좋아요.

해진 남편이 시골 출신이라는 걸 잊고 있었는데, 풀피리를 불 줄 아는 거예요. 어렸을 때도 누군가가 부는 건 봤지 제가 불진 않았거든요. 남편이 아이들한테 풀피리 부는 걸 가르쳐 주는 게 너무 좋았어요. 내가 부러워하던 걸 아이들이 남편을 통해서 배우는 거예요. 도시 사람을 만났다면 돈 내고 풀피리 부는 거 배워야 했을 수도 있을 것 같아요.

영주 책 속에서는 아이를 동물하고 같이 보는 것 같거든요. 아이가 한 일을 아이가 책임지지 않아도 되는, 아이는 놀라서 울면 그걸로 끝이에요. 나머지는 어른 몫이고요. 그런데 요즘 아이들은 어른들도 풀기 어려운 사고를 많이 치니 이만저만 걱정이 아니네요.

해진 맞아요, 바로 부모 싸움으로 가고 바로 법정으로 가죠.

택주 심심할 겨를을 잃은 사람들이 숨 막히다가 못해 터뜨리는 비명이에요. 우리 집은 서울이고 초가집이 아니었는데도 닭장이 있고 밭이 있었어요. 닭과 토끼를 길렀는데, 한번은 달걀 가지러 들어갔다가 닭장 문을 열어 놓고 나왔어요. 닭들이 다 나가 버려서 윗동네 아랫동네까지 가서 찾아도 찾지 못한 닭이 몇 마리 있었어요. 동네 인심이 사납지 않아서 "이 집에 닭 잃어버렸다면서?" 하고 윗동네 아저씨가 안고 오기도 했어요. 그런 잘못을 저질렀어도 혼나거나 매 맞은 기억이 없어요.

또 한번은 애들한테 보여 준다고 토끼를 안고 나오면서 문 닫는 걸 까먹었어요. 토끼가 또 천지 사방으로 다 도망갔어요. 두어 마리 찾고 나머지는 찾지 못했어요. 그래도 엄마는 "조심하지 그랬어" 하고 타일렀지, 매는커녕 야단도 치지 않았어요.

영주 아이들이 몰라서 그랬다는 걸 너무 잘 알기에 어쩔 수 없다고 생각했던 거겠죠. 그리고 아이는 놀라서 또 같은 일을 되풀이하지 않으려고 할 거고. 그러니 하지 말라고 얘기하지 않아도 아이가 그냥 알게 되는 것 같아요.

택주 저는 1953년 전쟁 직후에 태어났어요. 제가 어린 시절 1950년대 후반 60년대 초반에는 굶주리는 사람들이 많고 괜한 일로 서로 부아를 돋우며 싸우는 사람들이 적지 않았어요. 요즘보다 더 성을 낼 수 있었지요. 그래도 이웃 어른들은 아이들한테만큼은 화를 그리 퍼붓지 않았어요.

승희 이십 대에는 일부러 심심한 걸 찾아다녔는데, 이 책을 보면서 무척 궁금했어요. 오늘 선생님들은 무슨 얘기를 할까? 책 속 주인공은 정말 심심해서 문고리 열어 준 것 뿐인데 말이에요. 그러면서 한편으로 도서관에서 아이들하고 같이 놀았던 기억을 더듬어 봤어요. 농사꾼이 가장 한가한 때가 해가 중천에 떠 있을 때잖아요. 일은 새벽에 하고 한낮에는 안 하잖아요. 인생으로 보자면 해가 중천에 떠 있는 때? 그래서 가장 심심한 때는 이삼십 대겠다 싶은 거예요. 그러니 '심심하니 뭘 할까?'를 생각할 수 있겠고요.

그리고 이 책에서 나오는 계절은 '여름'이잖아요. 이 시리즈 봄편《우리 순이 어디 가니》를 보면 심부름 가고, 가을편《바빠요 바빠》에서는 타작을 함께하죠. 아이가 이렇게 오롯이 혼자 있는 시간은 '여름'인 거예요. 인생으로 치자면 이삼십 대가《심심해서 그랬어》를 누려야 하는 때인 것 같아요. 그런데 요즘에는 맞벌이하는 집들이 아이 혼자 집에 두면서 "너, 혼자 있어" 이렇게 못 해요. 혼자 있게 하더라도 그 시간 동안 휴대전화 때문에 불안해하고, 심하게는 그 시간 동안 휴대전화를 못 쓰게 해요. 못 쓰니 더 애닳아 마음에 뿔이 나죠. 그러다 보니 아이들은 진짜 심심할 겨를이 없는 거죠. 심심해야 이 생각 저 생각 하며 돌아보는데 말이에요.

어떻게 해야 부모를 안심시키지? 부모만 안심해서는 안 되는 문제고, 사회적으로 아이들이 안전하게 심심할 수 있어야 하는 거 아닌가? 그런 생각이 들더라고요.

선화 아이가 '엄마 나 학교 가기 싫어' 그러면 가지 말라고 해요. '학원 가기 싫어' 그럼 또 가지 말라고 하고요. 그럼 신나게 놀 것 같은데 다시 전화가 와요. '엄마 심심해! 뭐 할까?' 제가 권해 주는 건 안 하고 결국 스마트폰을 보더라고요. 한동안 심심한 시간을 버거워하더니 요즘엔 심심할 틈도 없이 잘 놀아요. 혼자 카페에 가서 책도 읽고 다이어리 정리도 하고, 친구들이랑도 야무지게 계획 세워 놀더라고요.

문제는 저예요. 저는 왜 이렇게 바쁜지 모르겠어요. 주말에도 바빠요. 친구들이 저더러 '배움 중독자'래요. 그만 좀 배우라고 하는데 저는 부족하다는 생각이 들면 어떻게든 뭐라도 배워서 채워 넣어야 안심이 되거든요. 그러다 보니 왜 이렇게 숨 가쁘지? 어떻게 하면 심심한 시간을 되찾지? 이러고 있어요.

승희 우리 도서관은 사회봉사 학생들을 받고 있어요. 그런데 코로나 이후로 사회봉사를 오는 학생들이 많아졌어요. 고양시는 물론이고 서울, 김포, 파주, 곳곳에서 너무 많이 와서 가끔은 제가 일을 할 수 없을 정도예요. 그러다 보니 사춘기 애들을 다시 키우는 기분이에요. 초등학생부터 고3까지 오거든요. 초등학생 중에는 자해한 흔적이 있는 아이들도 있어요. 사회봉사 온 아이들과 심리 상담도 하고 이야기를 많이 나누려고 해요.

저는 늘 이렇게 얘기하죠. "여기로 사회봉사 온 건 어쩌면 잘

된 일이야. 여기 와서 이렇게 속얘기도 하고 편하게 잠도 자고, 우리가 읽으라고 하는 책 읽다가 간식 챙겨 주면 그거 먹고, 얼마나 좋니?" 하면 아이들도 끄덕끄덕 수긍하죠. 사회봉사여서 어떤 일을 할지 몰라 겁 먹고 왔는데 그게 아니니까 잘 견뎌 내더군요. 가끔 화장실 간다면서 담배 피우다 오는 애들도 있어요. 그럴 땐 껌 하나씩 주면서 슬쩍 얘기하죠. "양치를 못 할 거면 껌이라도 씹고 와. 동생들이 와서 형아들한테, 언니들한테 담배 냄새 난다고 일러" 그랬더니 학생들이 놀라며 부끄러워하더군요. 꾸지람을 하지 않으니 오히려 아이들이 놀라더라고요.

사회봉사 와서 자는 학생들한테 물어봤더니 거의 불면증이거나, 유튜브 보다가 밤새우고 온다고 하더군요. 그러면 일상이 무너지니까 학교 지각해, 지각이 여러 번 겹치니까 '에이 그냥 오늘 쉬지 뭐' 이러면 또 사회봉사 가고……. 반복인 거예요. 또 심하게는 이쯤 됐으니까 그냥 학교 때려치우지 뭐, 이렇게 생각하기도 해요. 그런 학생들을 만나면 심심하게 해야 할지, 힘들어서 다시는 오지 말도록 해야 할지 마음이 복잡해져요. 닷새 내내 잠만 자다 간 학생도 있었어요. 무기력 그 자체인 데다 건드리면 폭발할 것 같은 표정도 있고, 그러면 저는 그냥 자게 두기도 해요. 속으로 이런 생각을 하면서요. '그래, 네 인생에서 고등학교 어느 시절 사회봉사 갔더니 잠만 자게 두더라. 그런 것도 있어야지' 하면서요.

그 아이들이 사회봉사 마치고 돌아갈 땐 말해요. "이다음에 반드시 유명해져야 해. 그리고 유명해지면 빌 게이츠가 동네 작은 도서관이 나를 키웠다고 말한 것처럼 너도 말해 줘" 그럼 학생들이 답하죠. "우리가 유명해진다고요?" 그럼 저는 또 말해요. "그래, 이렇게 굴곡이 많은 애들이 나중에 뭘 해내더라고. 그러니까 유명해지면 우리 도서관 이름 꼭 말해 줘"(웃음) 이러고 보내죠.

잠깐 사회봉사 와서 도서관에선 자느라고 심심했겠지만 학교에서는 대학에 못 갈 아이들, 혹은 안 갈 아이들은 하루 종일 심심하잖아요. 학교는 그런 친구들에게 너무 심심한 공간이고요. '이 학생들을 계속 이런 방식으로 키워야 해? 국가가? 세금으로? 다른 방법은 없을까?' 이 생각이 계속 들더라고요.

해진 아침에 교복을 입고 한의원에 오는 아이들이 있어요. 11시쯤 오면 치료받고 학교 가서 점심 먹는대요. 요즘은 처방전이나 진료확인서를 받아 가야 하잖아요. 그래서 제가 물어요. "어제 뭐 하느라고 늦게 일어났어?" 그럼 알바했다고 해요. "알바? 그건 용서한다. 돈 벌었잖아" 졸업장은 딸 거냐고 물으니 졸업은 할 거래요. "그래 그러면 학칙에 병가가 며칠까지 되는지 계산 잘해" 이렇게 해서 보내요. 공부는 싫은데 졸업장은 필요하니까, 집도 형편이 어려우니까 알바도 하면서 사는 거죠.

반면에 학교에서 이른바 성적이 높은 아이들은 시험 끝나면 방학 전까지 수업을 안 하고 계속 놀리잖아요, 이게 싫은 거예요. 그래서 조퇴를 하고 와서 통원확인서를 받아 가요. 이 간극이 너무 커요.

어떤 아이도 있었냐면요, 이 시기에 어학연수를 가는 거예요. 그래서 통원확인서를 날마다 끊어 달래요. 근데 그건 불법이거든요. 그래서 제가 안 된다고 하니 다른 데서는 다 해 준대요. 그래서 이제는 외국에 나간 거 날짜 다 뜨기 때문에 병원에서 아무리 내줘도 안 된다 하니 다음부터는 그 부탁이 없어졌어요.

승희 아이들에게 소원이 뭐냐고 물어보았더니, 식구들 없이 집에 혼자 있기라더군요. 그때가 가장 편하대요. 사실은 그게 자유 시간인 거죠. 그리고 자유 시간은 '심심함'의 다른 표현이라 생각해요. 간섭받지 않고 오로지 혼자, 그냥 자유롭게 가만히 누워서 음악을 듣든 춤을 추든 벗고 있든 그렇게 하고 싶대요. 근데 그 시간을 어른들이 안 만들어 주잖아요.

아까 제가 사회적인 문제라고 했지만, 이 문제를 누군가 확 끌고 나가서 해결할 게 아니면 저는 시민들, 그러니까 모두가 주체가 돼서 아이들을 먼저 믿고 그냥 하루 혼자 놀게 해 주는 것, 이렇게 좀 해야 하지 않을까 싶어요.

해진 저는 아이들을 방목해야겠다고 어렸을 때부터 생각했거든요. 그래서 집에 텔레비전도 없애고요. '방목'이 '신조'인데도 집에 책을 은근히 쌓아 놓는 거예요. '심심하면 이거라도 보겠지?' 그러니까 방목을 가장한 독서 교육인 거죠. 이러면 안 되는데 하면서 지금도 좀 그래요. 여행을 가도 "여기는 역사적으로 말이야" 하면서 자꾸 가르치려고 해요. 그 사이를 왔다 갔다 하는 것 같아요.

택주 부모도 오락가락할 수밖에 없지 않나요? 또렷하게 아이들에게 이렇게 해야 한다고 잣대를 내밀 어른이 얼마나 되겠어요. 어머니 아버지도 아이 못지않게 서툰데요. 이리 비틀, 저리 비틀 하면서 갈피를 잡아 가는 거지요.

영주 고민하는 부모는 훌륭해요. 정답을 콕 집어 가지고 있는 게 위험하지, 고민한다는 건 좋은 길을 찾고 있다는 뜻이잖아요.

승희 어린이집이나 학교에서 양육자 교육을 할 때마다 하는 말이 이거예요. "내 애를 내가 다 키우려고 하지 말아라, 아이는 동네에서 같이 키우되 우리 애가 누구 집 엄마하고 더 친하면 그 엄마한테 자꾸 붙여 주고, 도서관 관장하고 친하면 도서관에 더 보내고 그래라, 혼자 다 키우려고 하면 되지도 않을뿐더러 아이와 사이만 나빠진다"고요.

다시 책으로 돌아가면, 저는 제목이 압권인 것 같아요. 제목 보고 "이건 정말 짱이야! 다시는 나오지 못할 제목이야" 하고 손뼉쳤어요. 그나저나 요즘 선생님들께선 심심할 때 뭐 하는지 궁금해요. 심심하면 뭐 하세요?

택주 그냥 심심한 걸 누리니까 심심하다는 생각이 안 들어요.

해진 심심할 겨를이 없어요. 휴대전화를 한의원에 두고 퇴근한 날에는 밤새도록 불안해요. 누군가 연락이 왔을 것 같고요.

영주 저녁에 산책하고요, 더 심심하고 싶을 때는 시골에 가요. 시골 가면 진짜 심심하잖아요. 그러면 책이 읽고 싶을 때도 있고, 그림을 그리고 싶을 때도 있고, 음악을 듣고 싶을 때도 있고 뭔가 하고 싶은 것들이 생기거든요. 그걸 하다가 밤 되면 별 보고, 비 오면 빗소리 들으며 누려요.

택주 그리 심심하지 않아요. 요즘에는 볼 게 많잖아요. 게다가 저는 얼마든지 가만히 있을 수 있어요. 아무 생각도 안 하고 전에는 참선도 했으나 요즘엔 명상을 애써 하지 않아요. 생각이 없는 때가 많으니까. 그럴 때 저절로 명상하는 게 아닐까요. 늙은이 가운데도 심심해하는 사람도 있겠죠. 그래도 예전 늙은이들보다는 덜 심심할 것 같아요. 스마트폰을 보고 카톡도 하니까.

해진 한의원 환자 중에 점심 장사만 하는 분이 있어요. 근데 점심 장사만 하더라도 아침부터 준비를 많이 하잖아요. 그래도 오후 두 시면 끝난대요. 그때 식당 문을 닫고 마무리하고 한의원에 오는데, 물론 아파서 오시죠. 자주 오니까 몸이 좀 좋아졌는지 여쭈어 보니 "원장님 여기서 보내는 30분이 천국 같아요"라고 해요. 아침부터 막 달렸잖아요. 점심때 얼마나 바빴겠어요. 미친 듯이 점심 장사를 하고 한의원 와서 잠깐 누워 쉬는 거예요. 진료가 끝나고 집에 가면 애들이 학교에서 막 돌아오고요. 그러면서 이렇게 계속 와도 되냐고 물어요. "아이 그럼요" 그랬어요.

영주 시간을 알차게 쓰는 분이네요. 바쁠 때도 때가 있죠. 그 시간도 또 지나가고요.

해진 바쁠 때가 있어야 심심한 게 더 가치 있는 게 아닐까요?

☕ 어느 심심한 날

영주

《심심해서 그랬어》는 어느 여름날 농촌 마을에 사는 어린 돌이가 주인공이에요. 농사일로 바쁜 부모님은 호미 들고 밭매러 가고, 복실이랑 집을 보던 돌이는 뒷마당으로 가서 함께 놀자며 기르던 가축들을 모두 풀어 주지요. 다음에 벌어질 일들이 상상이 가나요?

이 책을 읽다 보니 어린 시절 심심하고 엉뚱했던 어떤 날이 떠올랐어요. 햇살이 따뜻한 어느 초가을 날이었어요. 식구들은 모두 어디로 갔는지 집에는 나 혼자였어요. 뒷마루에 덩그러니 앉아 햇볕을 쬐고 있었지요. 어쩌다 가볍게 머리카락을 스쳐 가는 바람이 전부였어요. 그때, 어머니가 장독대 옆쪽에 만들어 놓은 작은 꽃밭에 눈길이 갔어요. 꽃들이 알록달록 예쁘게 피어 있었지요. 그중 장독대와 유독 잘 어울리는 꽃이 바람에 흔들려요. 키가 1미터쯤 되는 기다란 줄기에 바늘처럼 가는 가시들이 나 있는 흰색, 분홍색, 자주색 꽃이에요. 활짝 핀 꽃잎이 바람에 흔들릴 때는 마치 나비가 날아가는 것 같아요. 아직 피지 않은 꽃봉오리는 타원형이었는데 구슬 같고요. 넋을 잃은 채 한참을 바라만 봤어요. 봐도 봐도 예쁘고 신비로워요. 그런데 어쩐지 낯설지 않아요. '어디서 봤을까? 어디서 봤는데, 분명히 봤는데……' 한참을 골똘히 생각한 끝에 새색시 머리에 얹혀 있던 것과 똑 닮았다는 걸 알았어요. '맞다, 족두리!' 그리고 곧바로 꽃에 이름을 지어 주었어요.

'꽃아, 꽃아, 지금부터 이름은 족두리 꽃이야. 족두리 꽃.'

그렇게 꽃에 이름을 지어 주고 뿌듯했어요. 그러다 문득 '본다'는 사실에 놀랐어요. '눈을 통해 꽃과 장독대와 울타리와 하늘을 보는구나!' 그러자 내가 보는 세상을 다른 사람들도 똑같이 보는지 궁금했어요.

그때부터는 해가 져서 부모님이 얼른 돌아오기만을 기다렸지요. 드디어 엄마가 오셨어요. 달려나가 엄마 눈앞에서 손을 막 흔들었어요. 엄마는 "정신없게 왜 그래? 안 보이잖아" 해요. "엄마도 나처럼 보이네" 이번에는 아버지 눈앞에서 또 손을 흔들었어요. 아버지는 "에구 어지러워. 손 치워" 해요. "아하, 모두 똑같이 세상을 보는구나!" 부모님도 나처럼 본다는 사실이 기뻤어요. 어린 마음에 모두가 같은 세상을 본다는 게 안심이 되었나 봅니다. 요즘은 심심한 시간을 즐기려고 일부러 혼자 있는 시간을 만들기도 한답니다.

끝끝내
놓을 수 없는 것

《달은 누구의 것도 아니다》

토비 리들 글 그림
김이슬 옮김
책읽는곰
2023

선화 읽으면 읽을수록 좋더라고요. 사회생활을 막 시작하던 때, 저는 이 책 속 주인공들 중 여우 클라이브고, 제 친구는 당나귀 험프리 같다는 생각을 했어요.

둘 다 지방에서 대학을 나왔어요. 제가 먼저 서울로 와 회사 근처에 반지하방을 얻었거든요. 회사하고 집만 오가다가 험프리 친구가 올라왔어요. 이 친구는 방송 작가가 되고 싶어 올라왔는데, 사투리가 열등감인 거예요. 퇴근하고 집에 오면 둘이 서울말을 연습하며 깔깔거렸던 생각이 나요.

저희가 살던 방이 달빛도 안 들어오는 캄캄한 방이었는데요,

어느 날부터 둘 다 살이 쭉쭉 빠지는 거예요. 벽에 피는 곰팡이 때문이라고 확신했지만 그러려니 하고 살았지요.

　　버티고 버티다 친구는 고향으로 내려갔고, 저는 지금도 여전히 남이 주인인 집에서 살고 있네요. 책을 보면서 또 무슨 생각을 했냐면, 험프리가 힘겹게 살면서도 책을 놓지 않잖아요. 저는 책이 없어도 불편하지 않은 사람이었는데 어쩌다 사서가 되어서 험프리 짐 속에 있는 책 제목이 몹시도 궁금한 사람으로 변했네 하는 생각을 했어요.

해진　의자 옆에 책 쌓아 놓고 있는 장면이 너무 좋아서 사진 찍어 뒀어요. '이게 바로 내가 원하는 삶이지. 근데 전망이 이렇게 좋은 집이면 더 좋겠다' 하면서요.(웃음)

택주　험프리 짐에 들어 있는 책이 유명한 책이라던데요. 비록 떠돌면서 아르바이트를 하지만 속은 알찬 사람으로 사람답게 누리고 살아간다는 걸 보여 주는 그림책 같아요.

선화　월트 휘트먼의 《풀잎》이란 시집이래요.

승희　책에 어려운 낱말이 많다고 하는데 저는 거꾸로 그래서 아이들이 낱말을 배울 수 있다고 생각했어요. 오히려 이 책을 읽고 아이들하고 처음 들은 말이거나 모르겠는 말, 아니면 마음에 콕 드는 말들을 다 써서 빙고 게임을 하는 거죠. 이 책 때문에 '명멸'이라는 말도 아이들과 함께 이야기했거든요. 가끔 그런 고민을 하기는 해요. '아이들이 알기 쉬운 말로 해야 되는지, 그런데 그러면 아이들은 언제 새 낱말을 배우지?' 그런 고민이요. 저는 작가가 이렇게 마음대로 써야 한다는 쪽이에요.

선화　그런 낱말이 있는 것 같아요. 고등학생 때 꿈에 대해서 글을 썼는데 우리 반에 변호사가 되고 싶은 친구가 개인의 '영달'을 위해서 살지는 않겠다고 쓴 거예요. 처음 들어 보는 낱말이어서 뜻을 찾아보고 그 친구 꿈이 근사하다고 생각했어요. 그 기억이 아직도 있어요. 저희 아이한테도 얘기했더니 "엄마 그때 그 친구가 말했다는 그 낱말이 뭐였지?" 하고 물어요. 그래서 가끔 '영달'이라는 낱말을 써요.

승희 그러니까 그림책이든 동화책이든 소설책이든 문학 작품이 아니면 아이들이 낱말을 배울 길이 없어요. 미디어나 매체에서는 시류에 따르는 말만 써서 새로운 낱말 배울 기회가 적어요.

영주 여우 클라이브는 적응을 잘했어요. 가지고 있는 특성들을 잘 받아들이는 친구라서 적응을 잘했던 것 같아요. 낮에는 단순한 일을 하며 여우처럼 지내요. 어슬렁대고 기웃거리고 춤추는 걸 보기도 하면서요.

택주 돈 벌려고 단순한 일을 하지만 삶은 제대로 누리는 거지요.

해진 근데 어떻게 보면 현대인을 좀 비꼬는 거잖아요. 결국 자기다움은 밤에 찾을 수밖에 없는 사람이라는 걸요.

영주 그래서 그 두 가지를 적절하게 조화시킨다고도 볼 수도 있을 것 같아요. 어떻게 보느냐에 따라서 달라질 것 같고요. 클라이브는 정말 섬세하고 예술성이 많은 친구 아닐까, 그런 생각을 했어요. 험프리 손을 보면 하는 일과 맞지 않아요. 무거운 것도 들어야 하고, 손가락이 없는데 접시를 손으로 잡아야 할 거 아니에요. 위험해 보여요. 미끄러워서 또 사고 날 텐데 싶고요. 그리고 또 재밌는 게 봉투 안에 있는 것이 무언지 보지도 않고 그냥 먹을 거라고만 생각해요. 그래도 둘이 친한 데는 둘 사이에 아무런 걸림돌이 없어요. 그냥 친구.

택주 이 책에서 하려는 말이 '서로 다름을 받아들여 어울림' 같아요. 우리는 노숙자들을 집도 없이 한뎃잠을 자니 불쌍하다고들 하잖아요. 그런데 집에 갇혀 있는 게 싫어서 나온 이들도 적지 않다고 해요. 얽매임에서 풀려나려고 집을 떠난 이들도 있다는 말이에요. 그런 이들을 안타까워하기만 해서는 안 돼요. 스스로 한뎃잠을 마다하지 않았다면 무엇이 이 사람들을 옥죄었는지 살펴서 까닭을 풀어 줘야 한다는 말이에요. '나는 날마다 일하기 싫어, 돈이 떨어져야만 일하겠어' 여우도 그래서 마지막에 서로 한 번 안고는 흩어질 수 있었던 거 아닐까요.

영주 아마 둘이 친구가 될 수 있었던 것도 같이 무언가를 할 수 있었기 때문이었을 것 같아요.

택주 여우는 '어떤 일을 하든 안정되게 밥벌이를 하겠다'란 뜻을, 당나귀는 '나는 흔들리더라도 매이고 싶지 않아'라는 뜻을 가졌다고 봐요. 그래서 '달은 누구의 것도 아니다'는 제목을 붙이지 않았을까요?

해진 달이 아니라 삶은 누구의 것도 아닌 거죠.

영주 저는 연극이 궁금했어요. 그림책과 같았을까요?

선화 여우가 컨베이어 벨트에서 만드는 게 당나귀 발에 씌우는 굽이라고 봤어요. 그래서 당나귀는 자유로운 삶을 선택한 것 같고요. 여우는 당나귀와는 대조적으로 컨베이어 벨트에 묶인 삶을 살고 있죠. 굉장히 상징적이라는 생각이 들었어요.

승희 마지막 장면에서 갈림길에 이르렀을 때 집이 없는 험프리가 집이 있는 클라이브에게 '잘 자'라고 하면서 안아 주잖아요. 아주 멋지지 않나요? '집 없는 나, 측은하지 않아. 집 있는 너, 부럽지 않아. 너는 너고 나는 나지. 그러나 우리 둘이는 잘 통해. 그러니 이렇게 보고 싶을 때 보자'

택주 우리는 내 집을 가져야 한다고 굳게 믿기 때문에 집을 가지지 못하면 불행해해요. 그렇지만 집을 못 가졌어도 불행하지 않은 사람이 있어요. 당당하게 "그래, 나는 집은 빌려 써도 된다고 믿어" 하면서 말이에요. 그래서 저는 '집주인'이라는 말을 쓰기를 꺼려요. 집을 빌려주는 사람은 그저 세를 놓기만 하지 쓰지는 못하잖아요. 쓰는 사람이 임자 아니겠어요? 아이유 콘서트를 누리는 사람이 콘서트장을 빌려준 사람이나 기관이 아니라 아이유 노래를 들으러 간 사람이듯이요. 찬찬히 짚어 보면 바로 알 수 있어요. 눈길을 바꿔야 해요. 집이 없어서 불행한가요?

선화 근데 선생님 불행하진 않은데 불안해요.(웃음)

승희 삼사 년 전엔가 아카데미에서 상 받은 영화 중에 〈노마드〉가 있어요. 남편이 죽고 혼자 남은 아내가 다 정리하고 캠핑카 하나 사서 떠돌아다니는 내용이에요. 근데 떠돌아다니는 삶이 쉽지가 않아요. 빨래부터 난방도 그렇고 지역마다 다니면서 짬짬이 알바해서 먹을 거 사 먹고……. 근데 어떤 중년 남자가 이 여자를 저녁 식사에 초대하면서 당신이 원한다면 떠나지 않아도 된다고 하죠. 자기 집에 방 많으니까 더 많은 걸 요구하지도 않을 거라며, 더 이상 떠돌아다니지 말라고 하죠. 여자는 밤새 고민을 하다 새벽에 다 정리해 놓고 떠나요. 그 영화를 보면서 '만일 나라면 많이 갈등했겠다, 어떻게 할까?' 고민을 많이 했어요. 그런데 '험프리처럼 떠나는 삶이지 않을까?' 생각했어요.

영주 여우는 표정 변화가 별로 없는데 당나귀는 표정에 감정이 다 드러나요. 기쁠 땐 웃음으로, 슬플 땐 눈물로. 감수성이 풍부하고 섬세해요. 도시에 길들지 않고 본디 제 모습대로 살고 있단 생각이 들어요. 책 제목을 잘 지은 것 같아요. '달은 누구의 것도 아니다' 어쨌든 우리는 도시 속에서 살아갈 수밖에 없는데 이것을 불평하지 않고, 자기가 할 수 있는 거 하고 나머지 시간은 또 나답게 살아가고. 그러니 도시라도 괜찮다고 얘기해 주는 것 같아요. 어떤 게 더 좋은 삶이라고 알려 주려고 하지 않고 어디서든 자기답게 잘 사는 게 중요하다고 말하는 것 같아요.

택주 달빛은 모두를 똑같이 비추니까요.

☕ 달은 우리 모두의 것

선화

　지방에서 온 여우 클라이브는 낮에 공장에서 일한다. 밤에는 좀 더 클라이브다운 일을 한다. 클라이브는 제법 도시인다운 모습을 갖췄다. 당나귀 험프리는 도시 생활이 힘겹기만 하다. 방송 작가가 되고 싶어 날마다 먼 길을 오간다. 사투리를 들키고 싶지 않아서 말은 되도록 짧게 한다. 지친 몸으로 돌아온 집에서는 서울말을 연습한다. 클라이브는 조그만 반지하방에 산다. 클라이브는 험프리에게 함께 살자고 제안했다. 달빛이 들지 않는 단칸방에서 클라이브와 험프리는 자주 우울하고 가끔 즐거웠다.
　둘은 차츰 말라 갔다. 험프리가 먼저 지하를 떠났다. 꿈을 펼치려면 얼마나 긴 시간을 버텨야 할지 막막해져서. 험프리는 떠나온 곳으로 다시 돌아갔다. 클라이브에게도 갑작스런 변화가 찾아왔다. 어제까지 출근했던 회사 대표가 잠적했다. 여러 도시를 전전하다 외국에 나갔다 온 사이에 험프리와는 연락이 끊어졌다.
　책을 보며 어두웠던 나의 과거가 떠올랐다. 먼저 상경한 여우 클라이브는 나고, 당나귀 험프리는 내 친구다. 달은 누구의 것도 아니었는데 우리는 달빛도 들지 않는 깜깜한 방에 누워 미래를 두려워했다.
　어떻게 하면 돈을 많이 벌 수 있을까? 왜 번듯한 일터에는 우리 자리가 없을까? 우리는 뭘 잘할 수 있을까? 두렵고 암울하던 때 우리를 위로해 준 건 맥주였다. 단골 맥줏집에서 끝도 없이 들이키던 맥주와 수다가 허우적거리는 둘을 건져 주었다.

시간이 많이 흘렀다. 여전히 주인이 따로 있는 집에서 살지만 고맙게도 날마다 책을 만지는 삶을 살고 있다. 클라이브와 험프리에게는 초대장이, 나에게는 합격증이 도착했다. 도서관이 사람들에게 삶의 진지가 되어 주면 좋겠다는 한 교수님의 말씀을 기억하며 일한다.

달은 누구의 것도 아니다. 도서관도 누구의 것도 아니다. 둘 다 우리 모두의 것이다.

말이 없는 세계

《바람의 우아니》

비올렌 르루아 글 그림
이경혜 옮김
곰곰
2021

해진 이 책이 전 되게 어려웠어요. 전 또 직업이 직업이니만큼 읽으면서 '이 사람 저체온증 걸렸던 거네, 그래서 헛것이 보이고 그랬구나' 생각했어요. '그러다 봄이 되어 따뜻해지니 저절로 나아서 정신을 차린 거고. 그러니까 결국 그 중간에 있었던 거는 꿈이나, 환각, 환시 뭐 이런 거 아닐까?' 하고 나름대로 해석을 했어요. 실제로 저체온증일 때 그런 현상이 많이 생기거든요.

승희 이걸 읽기 전에 《돌을 갖고 다니는 사람들》(산드라 블랑코 글, 엘마 그림, 강민경 옮김, 삼성당)이라는 그림책을 읽었어요. 거기는 태어날 때부터 돌을 의무적으로 갖고 다녀요. 그게 관습이에요. 근데 어느 날 '돌을 안 갖고 다니면 안 돼? 불편한데'라며 한 사람이 안 갖고 다니기 시작하죠. 그러니 다들 난리가 난 거예요. "왜 돌을 안 갖고 다녀? 그건 마치 옷을 안 입은 것과 같은 거야" 하면서요. 근데 시간이 지나고 그 마을을 살펴보니 돌을 안 갖고 다닌 사람이 또 있었어요. 나중에 '지혜로운 여자'라고 불리게 될 아이였어요. 그 여자아이도 돌을 안 갖고 다녔고 나중에는 자기 삶을 지혜롭게 살아 나가는 '지혜로운 여자'로 불리게 된 거죠.

그 책을 읽고 돌을 갖고 다닌다는 건 뭘까? 뭐 이런 생각을 하다가 《바람의 우아니》를 만났어요. 이 책에서는 서로에게 돌을 주네? 그렇다면 이 돌들이 가진 의미는 무엇일까? 좀 어려웠지만 저는 '말'이라는 것에 초점을 두었어요. 소리가 나는 말, 소리가 나지 않는 말. 이십 대에도 그랬지만 시간이 흐르니까 이렇게 말이 많은 제가 싫은 거예요. 어떻게 하면 말을 좀 줄일까? 늘 다른 사람 말을 지그시 듣는 사람들을 좀 따라 하고 싶은데 잘 안 되더라고요. 그게 늘 제게 불만이었어요. 근데 이 책을 보면서 들리지 않는 소리, 그게 몸짓이든 눈짓이든, 특히 눈짓이요. 몸짓도 어찌 보면 요란하잖아요. 눈짓으로만, 혹은 눈짓으로도 소통하거나 이야기할 수 있으려면 이제부터는 말을 좀 줄여야겠다는 생각이 들었죠. 그럴수록 내 주머니에 돌이 더 많이 생기네요.

택주 절에서 하는 수련회에 가면 말하지 않는 것을 수행으로 삼는 이들이 있어요. 이 사람들은 목에 '묵언'이라는 패를 걸고 있어요. 말 걸지 말라는 뜻이에요. 처음에는 말을 하지 않는 것이 무척 힘들어요. 입이 간지러워 쩔쩔매요. 묵언 패를 걸지 않은 이들은 짓궂게 말을 걸기도 해요. 웃기고, 장난도 쳐요. 처음에는 말을 하고 싶어 입이 근질근질하지만 조금 지나면 옆에서 아무리 장난쳐도 말을 하지 않을 수 있어요. 말없이 뜻을 나눌 수 있거든요. 집안 식구들끼리 낯빛만 봐도 알 수 있는 것처럼요.

　　전우익 선생이라는 분이 이런 말씀을 했어요. "요즘 사람들은 입만 있지 귀가 없어" 사람들은 얘기 나눌 때 다음 할 말을 떠올리느라고 마주 앉은 사람이 무슨 말을 했는지 모르는 일이 흔해요. "내가 무슨 말을 했어요?" 하고 물으면 대꾸하지 못해요. 자기가 할 말을 떠올리느라고 듣지 못한 거예요. 오로지 제 뜻 밝히는 것 말고는 아무것도 돌아보지 않아요. 그러니 이 책에 나오듯이, 말하고 싶을 때마다 말하지 않는 돌을 하나씩 주머니에 집어넣어야 할지도 모르겠네요.

승희 도서관에 앉아 있으면 말수가 적은데도 충분히 소통이 다 되고 세상과 평화롭게 공존하는 아이들이 있어요. 저는 부러워하죠. '배우지 않았는데 어떻게 저렇게 타고 났을까? 아니면 자기가 속에서 스스로를 다듬나?' 이러면서요.

해진 마지막 장면에 돌을 다 내려놓고 가잖아요. 그러니까 이 사람이 사회에 나가서 이 이야기를 하지 않을 거잖아요. 근데 그걸 보면서 《오래된 미래》라는 책이 생각났어요. 그 책이 되게 유명하잖아요. 작가가 그 글을 써서 너무 빨리 많이 알려지는 바람에 기존 세계처럼 돼 버린 게 있잖아요. 그 장면이 떠올랐어요. 마지막 장면에서 "여기만은 지켜" 그러잖아요. 언젠가는 달라지겠지만요. 근데 그들의 속도로 달라지게끔 해 줄 필요가 있다는 거죠.

택주 말씀 듣다 보니 생각났는데 부탄이 2011년 세계에서 가장 행복한 나라로 꼽혔어요. 그랬는데 8년 뒤에는 95위로 고꾸라졌어요. 부탄에 인터넷이 널리 퍼지고 누구나 스마트폰으로 에스엔에스를 하면서 다른 나라 사람들이 사는 것과 견주면서 행복 지수가 내리꽂힌 거예요. 불행은 견주는 데서 와요.

이번에 나온 기사를 보니까 우리나라는 정치나 권력을 잡으면 감옥 가는 게 필수래요. 이렇게 따지면 우리나라는 부탄보다 훨씬 불행한 나라가 아니겠어요? 이 책에서는 현대인이 옛날 사람들처럼 사는 세계로 들어가서 그 세계를 누리고 나오잖아요. 저는 그 세계에 다녀온 사람이 아름답더라고요. 그 세상 사람들을 지켜 주려고, 그 사람들을 만나고 나온 이가 다른 사람들에게는 입도 벙긋하지 않아요. '우리하고 결이 다르지만, 이 좋은 세상이 다치지 않도록 입을 다물겠다' 하는 마음이 아니겠어요?

제게는 《바람의 우아니》에 나오는 별천지가 마음속에 있는 고요, 우리가 본디 가지고 있는 사람 바탕이라고 다가와요. 산업 사회에 사는 우리가 고요를 잃어버린 지 오래 되었어요.

우리 가운데에도 고요를 잃지 않은 이들이 제법 있어요. 저는 이 책이 우리 마음속에 있는, 우리가 본디 지닌, '서로를 아우르고 품을 줄 아는 결을 드러낸 게 아닐까' 하고 생각해요.

영주 《바람의 우아니》는 저한테 너무 필요했던 책이에요. 그래서 집에 가서 보고 또 보고, 거듭 봤거든요. 까닭이 있었어요. 지난여름에 알곡은 빠지고 껍질만 있는 그런 말들이 너무 무성해서 집에 돌아가면 '오늘 정말 필요 없는 말을 많이 들었구나' 싶었거든요. 그래서 이제 조금 덜 보는 걸로, 마음먹었어요. 말 안 해도 돼. 그냥 말하지 말자. 그리고 정말 하고 싶었던 말인지, 해야 할 말인지 조금 생각해 보자. 말에 대해서 많이 생각하고 말하지 않고 도망가려고 애썼던 여름이었어요.

그러고 1박 2일 봉화에 있는 절에 갔어요. 거긴 말이 필요 없더라고요. 명상하고, 쉬고. 내내 말 없이요. 마음속에서 많은 말들이 생겨났다 사라지는 것을 지켜볼 수 있어서 좋았어요.

선화 서른 명이 넘은 사람들이 한 공간에서 일하면 수더분해질 것 같은데 귀가 오히려 예민해지더라고요. 사람들이 하는 말이 너무 잘 들려서 제가 소리에 민감한 걸 처음 알았어요. 청력이 엄청 좋더라고요. 여기저기서 들려오는 말에서 읽혀지는 감정들이 때론 흥미롭지만 굳이 안 들어도 괜찮잖아요. 한쪽 귀에 이어폰을 꽂고 음악에 기댔어요. 그러다가도 힘들면 밖에 나가서 귀를 쉬어 주곤 했어요.

최근에 옮긴 곳에서는 빗소리, 키보드 치는 소리가 마치 에이에스엠알처럼 들리는데 진짜 행복해요. 그리고 어떤 소중한 마음은 돌멩이처럼 묵직하게 가라앉혀 두는 것도 좋은 선택이라고 생각해요.

영주 책에서 '바람 소리를 듣게 되었다' 하잖아요. 그 말이 참 부럽더라고요. 이번에 깊은 숲속에 들어가 명상을 하니 소리가 아주 많이 들렸어요. 새들이 우는 시간대가 다 다른가 봐요. 두세 시간마다 새들 소리가 달라져요. 물소리는 신경 써서 듣지 않으면 잘 안 들리는데 명상한다고 앉으면 양쪽에서 물소리가 바탕처럼 깔려요. 그 위에 벌레 소리가, 그다음 가장 가까운 데서 새소리가 나더라고요.

승희 근데 여기 돌멩이들이 다 웃고 있어요. 그래서 이게 무언가를 강제하는 게 아니라 '너에게 스스로 질문을 해 봐' 이런 건가 싶었어요.

택주 제 손을 떠나지 않는 돌멩이가 하나 있어요. 이 돌멩이는 말이 없어요. 수많은 말과 짓을 담고 있어서 나를 침묵하게 해요. 그런데 그 침묵이 침묵일 수 없어요. 스마트폰, 돌덩이잖아요. 이제 우리는 이 돌덩이에 목매며 살아가요. 할 일이 없으면 톡이라도 보고, 페북 들어가거나 인스타그램 보는 우리는 입을 다물고 있어도 고요는 잃었어요. 그래서 《바람의 우아니》에 있는 별세계 사람들이 '심심함을 제대로 누리려면 이래야 해' 하고 우리를 흔들고 있는 게 아닐까요?

승희 저는 이 책 가지고 아이들하고 놀려고요. 돌멩이 그려서 팝업책 만들고, 돌멩이 뒤에 하고 싶은 질문 다 쓰게 하는 거죠. 그리고 그 돌멩이를 꾸미고요. '돌멩이 팝업북'이라고나 할까요?

영주 예술 작품들이 돌멩이가 아닐까요? 말하고 싶었던 것들을 표현하고, 다듬어서 작품으로 우리에게 보여 주는 거 아닐까요? 그들은 말 대신 음악으로, 그림으로, 글로 우리에게 보여 주는 것 같다는 생각이 좀 들더라고요.

☕ '말의 우아니'로 가볼까?

승희

《바람의 우아니》를 읽으며 '말'의 두 모습을 생각했다. 소리 나는 말 그리고 소리 없는 말. 아마도 소리 없는 말을 우리는 '침묵'이라고 할 수도 있겠다. 하지만 나는 그걸 침묵이라고만 말하는 게 개운치 않다. 그런데 여기서는 침묵이라고 할 수밖에 없겠다. 내 마음을 콕 짚어 표현할 다른 말을 못 찾겠다.

오래전, 가톨릭에서 하는 피정이라는 걸 다녀온 적이 있다. 침묵을 해야 하는 피정이었다. 가톨릭을 믿지도 않았으면서 친구가 간다고 하길래 따라갔다. 말하지 않아야 한다는 게 나를 잡아당겼다.

'침묵'으로 들어가 처음으로 내가 들은 건 바람과 벌레 소리였다. 그리고 수사님들의 얌전한 옷자락 쓸리는 소리도. 침묵의 시간이 길어지자 어두운 밤하늘과 별빛도, 환한 대낮과 햇빛도 소리를 들려주었다. 엄밀히 말해 그게 무슨 소리겠는가 싶지만, 나는 그들의 몸짓과 눈짓으로 받아들이고 싶었다. 누구와도 또 어떤 식으로도 얘기할 수 없는 상황이 처음엔 적잖이 불편했는데, 점점 내 입으로 말하는 대신 자연이 들려주고 보여 주는 소리를 듣는 것이 편해졌다.

그 뒤로도 나는 불교에서 하는 묵언수행에도 관심을 가지고 따라다녔다. 말이 너무 허망해서 말을 줄이고 싶었기 때문이다.

얼마 전, 낭독 콘서트를 진행했다. 공연 중에 수어 공연이 있었다.

눈짓 몸짓의 언어, 그게 수어이다. 수어의 80퍼센트는 표정으로 말하고 그 나머지가 손으로 말하는 것이라고 들었는데, 그건 수어만이 아니라 모든 말들이 그런 것 같다. 또 공연 중에 장애 청년이 아코디언 연주를 했다. '오 솔레미오'가 첫 연주곡이었는데 관객들이 음악을 듣자마자 눈물을 훔쳐 냈다. 아코디언 소리가 매우 구슬프게 들려왔다.

연주가 끝나면 연주자와 인터뷰를 하는 게 낭독 콘서트 진행 방식인데, 나도 눈물을 닦느라 청년과 인터뷰를 못 했다. 목소리를 못 들어서 많이 아쉬웠다. 낭독 콘서트가 끝나고 평소엔 하지 않던 제안을 했다. 다 같이 기념사진을 찍자고 말이다. 그러자 가장 먼저 성큼성큼 나와 준 사람은 아코디언을 연주한 그 청년이었다. 그리고 '어떤 포즈를 할까요?'라는 말에도 가장 먼저 자세를 잡았다. 두 손을 모아 기도하듯 세우고, 그 두 손을 오른쪽 뺨에 대고 고개를 갸웃 기울였던 것이다. 지그시 웃으며. 우리는 모두 그 자세를 따라 했다. 웃는 것도 똑같이 지그시 웃으며…….

말이 허망하지 않으려면 말수를 줄여야겠다. 아니 몸짓도 줄여야겠다는 생각이 든다. 오늘은 눈짓만으로도 이해하고 이해받는 '말의 우아니' 곧 '말의 저 너머'를 꿈꿔 본다.

2부 ── 자연과 이웃과 더불어 함께 살기

쓰임과 쓸모

《안젤로와 곤돌라의 기나긴 여행》

최은영 글
오승민 그림
시금치
2022

해진 저는 친정 엄마랑 같이 사는데 아이들 초등학교 다닐 때 과학 수업 같은 걸 하면 햄스터, 애벌레처럼 작은 동물들을 실험 재료로 줘요. 엄마가 애들이 받아 온 재료를 보고 기겁을 하신 거예요. 아무것도 모르는 아이들한테 생명을 어떻게 키우라고 주는 거냐면서요. 아이들이랑 의논해서 수업료는 다 내고 재료는 안 받아 오기로 했어요.

하루는 텃밭에서 배추를 캐 왔는데 배추에서 벌레가 기어 나온 거예요. 그 벌레를 놔주러 밭에 다시 가곤 했어요. 생명에 대한 거는 이렇게 교육이 돼요. 그런데 물건에 대해서는 정말 어렵네요. 둘레 친구들은 아무 생각 없이 물건을 사는데 우리 아이들만 안 사고 아껴 쓰고 이렇게 하는 게 어느 순간 튀는 애들이 되더라고요. 아이들 어릴 때 옷도 다 얻어다 입혔거든요. 우리 딸은 또 두드러기가 있어서 새 옷은 일부러 안 사 줬어요.

요즘은 아이들이 커서 자기 마음에 드는 걸 사고 싶어 해요. 그래서 이따금 물건을 사게 하는데 보면 스티커를 그렇게 사는 거예요. 붙일 데도 없는데. 그게 아이들 사이에서 마치 취미 생활처럼 되어 버린 거죠. 그래서 요즘 딸한테 "오늘도 예쁜 쓰레기 사 왔어?" 하면 왜 그렇게 얘기하냐고 뭐라고 해요. 쓰임이 없으면 쓰레기라는 말을 많이 하거든요. 앞으로는 조금 적게 사면 좋겠다는 생각을 했어요.

이 책에 글을 쓴 작가는 버려지는 물건에 생명을 불어넣고 싶었대요. 어디 여행을 가면 기념품이든 뭐든 사게 되잖아요. 이 책을 읽고서는 이제 냉장고 자석은 못 살 것 같아요.

영주 '예쁜 쓰레기'란 말이 와닿네요. 쓰레기가 될 친구들한테 생명을 불어넣어 줬다는 게 좋아요. 사실 요즘 아이들은 넉넉하게 자라잖아요. 물질은 넉넉해도 정서는 메말라 있으니 아쉽지요. 이 책을 읽어 주며 생각하고 소비할 수 있도록 하면 좋겠어요.

택주 결이 좀 다른 얘기인데요, 저는 안젤로가 한 말이 떠올라요. "마지막으로 커피를 담은 게 언제였더라? 또 사람들이 설거지해 줄 때 기억나?" 쓸모를 잃었어도 기억은 있어요. 손잡이가 뚝 떨어지고 나서는 이렇게 생각해요. '옆구리가 허전해. 부서진다는 게 이런 느낌이구나' 사람이 늙어가면서 겪는 것과 다를 바 없다고 받아들였어요.

트럭 운전기사는 손잡이가 떨어져 나간 안젤로를 데려다가 운전석 앞자리에 앉히고 네 철을 났어요. 봄이면 봄대로 좋고 너무 뜨거워서 싫더라도 여름도 그런대로 누릴 수 있다는 말이 와닿았어요. 안젤로가 "쓸모에만 뜻을 두고 참으로 힘껏 살기만 하면 될까? 좀 느슨하고 성글게 살아도 괜찮아" 하고 속삭이는 것 같았어요. 뒤에 나오는 얘기를 들려드릴게요. "깊은 밤이었습니다. 별이 가득한 하늘이 보입니다. 바닷바람이 싸늘하게 곤돌라를 스쳐갑니다. 뭔가 이상합니다. 아늑한 안젤로 몸 속이 아니었습니다." 그러니까 안젤로란 컵 안에 담겨서 다니던 곤돌라는 냉장고 자석이 컵 밖으로 튕겨 나온 거예요. 함께 버려져서 늘 같이 다니다 보니 한 몸이라고 여겼는데 떨어져 나왔으니 얼마나 놀랐겠어요.

이 '떨어져 나옴'을 여러 눈길로 바라볼 수 있는데요, 품 안에서 자라던 아이가 자라서 떨어져 나가고, 아내나 남편과 뜻이 맞지 않아서 헤어지든, 누구 하나가 죽든 떨어질 수도 있잖아요. 그런데 우리는 내게도 이런 일이 벌어질 수도 있다는 걸 놓치고 살아요. 그래서 곁에 있는 이 사람이 아깝고 고맙다는 걸 까먹고는 함부로 하지요.

해진 '부서진다'는 말이 참 예쁜 것 같아요. 깨졌다, 쓸모없어졌다, 이런 말보다 저는 그 말이 되게 좋더라고요.

승희 이 책 때문은 아니었는데 아이들하고 수업을 하다가 '허전하다'는 말을 하게 됐어요. 아이들한테 '허전하다'를 뭐라고 설명할래?' 하고 물었어요. 그 아이들이 초등학교 3학년이었는데 한 아이가 '있어야 하는데 없을 때 드는 마음'이라는 거예요. 깜짝 놀랐어요. "이야, 기가 막히다. 시인이다"라고 감탄했죠.

이 책 읽으면서 한 서너 가지로 갈래를 잡았거든요. 하나는 환경 이야기, 또 하나는 고향 이야기. 우리는 어디서 태어나서 어디로 가는 걸까? 안젤로가 고향에 대한 그리움, 곤돌라가 고향 얘기를 하잖아요. 그래서 고향 얘기를 사람들하고 해야겠다고 생각했어요. 마지막으로 허전하다는 말.

안젤로는 사계절의 상황을 다 받아들여요. 봄에는 컵에 개나리가 꽂혀 있잖아요. 그걸 즐겨요. 여름에는 뜨거운 햇살을 아름답다고 표현하고. 근데 곤돌라는 "왜 우린 아직도 바다에 안 가는 거야?"라면서 계속 보채요. 그때 '아! 이건 나이 듦에 관한 이야기겠구나'라는 생각이 들었어요. 쉽게 말하면 젊은이와 늙은이에 관한 이야기요.

안젤로가 곤돌라에게 너는 나보다 사라지는 속도가 훨씬 느릴 거라고 하는데요, 젊은 세대들은 안 늙는 것처럼 얘기를 하잖아요. 그러면서 점점 안젤로 말투가 느려져요. 글에는 속도가 없지만 내용을 읽다 보면 지금 속도가 느려지는 게 느껴져요. 그리고 자꾸 잠을 자요.

영주 사라질 수 있는 것도 권리다, 사라지지 못하는 슬픔, 모두가 다 떠나고 아무도 없이 혼자서 그냥 견뎌야 하는 고통 같은 것도 한번 생각해 봐야겠어요.

해진 《잃어버린 지평선》이란 책에 주인공이 비행기를 타고 가다가 추락했는데 마침 거기가 영생하는 동네였어요. 거기에 피아노를 치는 사람이 있는데 피아노를 너무 잘 치는 거예요. 어떻게 해서 잘 치나 봤더니 몇백 년 동안 내내 피아노를 친 거죠.

승희 영화 〈벤자민 버튼의 시간은 거꾸로 간다〉도 그렇고, 책장 사이로 우주와 시공을 넘나드는 〈인터스텔라〉도요. 둘레는 다 변하는데 나만 계속 젊다는 게 좋은 것만은 아니죠.

선화 집에서 가장 오래된 물건을 생각해 보니 25년쯤 전에 선물받은 쌍둥이표 손톱깎이네요. 숱하게 이사를 다니며 옮겨 살았는데 희한하게 잃어버리지 않았어요. 여전히 새것 같고요.

처음으로 아기 손톱을 깎는데 혹시라도 손가락을 집으면 어떡하나 걱정이 컸어요. 그런데 제 손에 맞춤하게 익숙해진 손톱깎이로 그 보드랍고 쪼끄만 손톱을 깎는데 뭉클해지더라고요. 초보 엄마가 임무 하나를 무사히 끝낸 거예요. 그 뒤로도 아이들 손톱 자를 때를 은근히 기다렸어요. 엄마만 할 수 있는 위험하고도 어려운 일이었거든요. 어느 날부터 스스로 깎겠다고 했을 때 굉장히 서운하고 아쉬웠어요. 제 품에서 한 발 멀어졌다는 생각이 들더라고요. 어쨌든 우리 집에서 가장 나이 많은 골동품이 장식품으로 남지 않고 대를 이어 쓸모를 유지하고 있어서 기분이 좋아요.

요즘은 딸들이 재활용 쓰레기 상자에 버린 것들을 몰래 모으고 있어요. 나중에 커서 보면 얼마나 깔깔대고 어이없어할지 생각하는 것만으로도 즐거워요. 절대 들키지 않겠다고 다짐을 하면서 모아요. 아까 '쓸모'도 말씀하셨는데 쓰레기가 누군가에게는 가치 있게 느껴지겠다고 생각했고요. 이 책이 좋았던 건 환경이라는 주제를 다루면서도 가르치려 드는 느낌이 없어서였어요. 그리고 안젤로와 곤돌라의 여정이 우리 인생과 닮아서 공감하며 읽었어요.

영주 "새를 죽이지 않고도 바다를 건널 방법을 내가 꼭 찾을게. 네 꿈을 내가 대신 이뤄줄게"라는 얘기가 나오는데요. 무슨 수가 없을까요?

택주 아이들한테 한번 물어봐도 좋을 것 같아요. 우리는 '없지요'라고 마땅하다는 듯이 얘기했지만, 아이들은 새를 죽이지 않고도 바다를 건널 수 있다고 다른 목소리를 낼 수도 있지 않겠어요.

해진 반짝거린다면 반짝이는 걸 수집하는 새가 도와줄 텐데요.

영주 어른들은 쓰레기라고 버리라 하지만 아이는 냉장고에 자석을 붙이잖아요. 아이들 눈높이에서 보면 답을 찾을 수 있겠어요.

승희 도서관에 '쓰레기 추격단'이라는 동아리가 있어요. 동네를 한 바퀴 돌며 쓰레기를 줍는 동아리예요. 빈 병은 빈 병대로 분리하고 담배꽁초는 꽁초대로 분리해서 버리고 그래요. 그거 하면서 아이들하고 쓰레기 문제를 많이 얘기하죠.

이 동아리는 저하고 잘 맞아요. 제가 물건을 잘 안 버리고, 누군가 준다고 하면 잘 받아 오고 그러거든요. 그랬더니 우리 집 아이들이 '도대체 우리 집에 돈 주고 산 게 뭐야?'라고 하더군요. 그런데 이건 습관이더라고요.

신혼 초에도 세탁물 옷걸이를 모아서 수선집에 갖다줬어요. 그런데 빵집 종이 봉투는 깨끗이 접어 다시 빵집에 갖다주는데 안 받는 거예요. 못 쓴대요. 그래서 수선집에 갖다드렸죠. 거기선 환영받더군요. 심지어 음식물 쓰레기를 말린다고 베란다에 널어놨다가 새 떼들이 몰려드는 바람에 무서워서 그건 안 하게 되었어요. 거의 알프레드 히치콕 영화 〈새〉를 현실에서 보는 기분이었어요.

택주 다 쓸모 살림이죠. 글을 즐겨 쓰는 법정 스님에게 누가 만년필 선물을 했어요. 글 쓸 때마다 사각사각 나는 소리가 좋으셨대요. 프랑스 여행을 가셨다가 똑같이 생긴 만년필을 보고는 반가운 마음에 하나 더 샀대요. 그랬더니 하나였을 때 그 알뜰한 마음이 사라지더라는 거예요. 그래서 새로 산 만년필을 어떤 스님에게 드렸대요. 그러고 나니 살뜰함이 되살아났다고 하셨어요. 스님이 이 말씀에 담으려고 했던 뜻은 두 자루가 있다 보니 한 자루를 쓸 때 한 자루는 쓸모를 잃고 누워 있다는 것이었어요. 스님이 새로 산 만년필을 다른 분에게 드려서 그 만년필에 숨을 불어 넣었다는 말씀이에요. 승희 선생님이 하는 일이 다 살리어 사는 살림살이인 거죠.

말하다 보니 생각난 얘기가 하나 더 있어요. 법정 스님은 냉장고와 세탁기를 마련하겠다는 80년대 신혼부부에게 그 가운데서 하나만 마련하라고 말씀하셨어요. 어째서 그러느냐고 묻는 신랑에게 "둘 다 가지고 나면 또 무엇을 더 사고 싶다는 생각이 들지 않겠소. 그러니 둘 다 없어선 안 된다고 생각이 들더라도 그 가운데서 하나만 사고 하나는 남겨 두시오"라고 하셨어요.

덜 갖추고 덜 쓰며 사는 삶, 이건 다음에 사야지 하며 남겨 두는 그 마음이 무소유에 다가가는 마음이 아닐까요?

해진 한의원에서 쓰는 종이 가방을 한 번 만들 때 몇천 개씩 주문해야 하거든요. 근데 한 번 쓰고 버리기엔 멀쩡한 종이 가방을 한의원 한쪽에다 모아 두고 간호사한테 물었어요. "환자들한테 쌍화탕 사 갈 때 여기에 담아 가라고 그러면 싫어할까?" 그랬더니 "원장님, 없어 보여요" 그러는 거예요. 그럼 한번 환자들한테 물어보자 했어요. 종이 가방 아까우니 그냥 내 가방에 가져간다고 하는 분이 더 많았어요. 그래서 그 종이 가방을 어느 날 치웠어요. 그런데 또 한 분이 그래요. "지난번에 종이 가방 있었잖아, 그거 있다고 생각해서 가방 안 들고 왔는데"라고요. 시도를 하면 끝까지 해야 하는데 자꾸 마음이 바뀌는 거죠. "원장님 이거 몇 푼 한다고 아껴"라는 분도 있거든요.

원칙을 정해서 쭉 간다는 게 쉽지가 않은 것 같아요. 한의원에 물 마시는 종이컵도 없애려고 했거든요. 근데 '그 컵을 없애면 컵은 누가 씻지?'라는 생각이 드는 거예요. 그래서 고민하다가 종이컵은 그냥 쓰자고 됐어요. 무언가를 실천하는 건 정말 큰 결심이 필요한 것 같아요.

영주 맞아요, 실천이 말처럼 쉽지 않아요. 저는 쓰는 사람 못지않게 만드는 사람들이 깊이 생각했으면 좋겠어요. 없으면 안 쓰거든요. 그런데 만들어 놓고 어떻게 쓰지 말라고 해요? 쉽지 않죠.

택주 해진 선생님이 지닌 마음 씀씀이가 바로 우리가 모두 품어야 할 마음씨가 아닐까요?

이 책은 거듭 '어떻게 살려 써야 되어?' 하고 우리를 흔들어요. 아울러 세상 모든 것은 그대로 있지 않고 늘 바뀌어 간다는 얘기도 담았어요. 우리는 바뀐다는 것을 바꿀 수 없지만, 어떻게 바꾸어 가도록 할 것인지는 고를 수 있어요. 어떻게 하면 바람직한 쪽으로 바꿀 수 있을지 이웃과 서로 묻고 또 물으면서 깊은 생각을 나누면 좋겠어요.

선화 인사이동 때가 되면 화분이 엄청나게 들어오거든요. 한 일주일쯤 기분 좋다가 처치 곤란이 되곤 해요. 잘 키우는 사람들도 있지만 점점 시들어서 화분만 덩그러니 남게 되기도 하고요. 《우리는 당신에 대해 조금 알고 있습니다》라는 책이 축하하기 위해 사람들 곁에 온 나무 이야기인데요, 축하하러 온 나무들이 어느 순간 노랗게 말라 버린 잎 몇 가닥만 매단 채로 건물 밖에 방치돼요. 다행스럽게도 누군가의 손에 구조된 나무는 그 집 베란다에서 풍성하게 되살아나지만요.

 인사철에 사무실로 배달되는 화분을 볼 때마다 이 책을 생각하거든요. 환경 문제가 내 삶에 크게 다가오지 않더라고요. 책을 읽으면 '맞아! 경각심을 가져야 해!' 그러다가도 잊어버리기 일쑤고요. 그래서 때때로 책을 읽고 감각을 잃지 않는 노력을 해야겠다 싶어요.

'예쁜 쓰레기', 덜 살까요?

해진

아이가 "친구 집에 가니 햄스터를 키우더라, 우리도 키우자"라고 했을 때 생명을 키우면서 느끼는 기쁨의 배가 넘게 생명에 대한 책임감을 가져야 한다고 이야기했습니다. 초등학생 아이들에게 곤충들도 가족이 있으니 우리가 억지로 헤어지게 하면 안 된다고 타이르기도 했지요. 그래서 텃밭에서 뽑아 온 배추에서 벌레가 나오면 상자에 모아서 다시 텃밭에 놓아 주기도 했습니다.

생명에 대한 다정함과 배려를 가르치기는 생각보다 쉬웠습니다. 그런데 물건에 대한 책임감은 좀처럼 가르치기가 어렵더군요. 모두가 소비 위주의 생활을 하고, 일회용품의 편리함으로 버려지는 물건이 너무 많지요. 예쁘기만 하면 그냥 사 버립니다. 필요한 물건이 아니어도요.

이 책에 나오는 냉장고 자석 장식품은 제 기준에서는 '예쁜 쓰레기'입니다. 여행의 추억을 담고 있고 모양 또한 예쁘니 너무나 사고 싶은 물건입니다. 하지만 시간이 지나면 썩지 않는 쓰레기가 되지요. 그에 반해 컵은 그래도 한때 커피를 담았던 물건이니 잠시 쓰일 수 있었습니다. 좀 더 길게 오래 쓰였다면 더 좋았겠지만 말입니다. 안젤로처럼 잠깐이라도 쓰이다가 쓰레기가 되었을 때 자연으로 되돌아갈 수 있는 물건이라면 조금이나마 다행입니다. 곤돌라처럼 썩

지도 않고 친구가 사라진 뒤에도 외롭게 남게 되는 물건들은 인간이 지구에게 주는 상처입니다.

  책 속에서 안젤로, 곤돌라 모두 고향으로 돌아가지 못했지만, 어찌 보면 안젤로는 흙이 되어 파도에 쓸려 이탈리아 고향 해안가로 돌아갔을지도 모릅니다. 곤돌라는 썩지 않는 플라스틱이어서 영원히 그 모습 그대로이지만 고향에도 가지 못하고 친구도 떠나보내야 하네요. 책이 의도한 건지 아닌지 모르지만 조금은 덜 사게 되고, 있는 물건에서 그 쓰임을 다시 되새기게 되는 계기가 되었습니다. 아이나 어른이나 모두 사물이 자연으로 되돌아가는 모습을 상상하며 물건을 사면 좋겠습니다. 지구 환경의 평화를 위해서.

살아가다와
스러지다

《우리 마을이 좋아》

김병하 글 그림
한올림어린이
2018

택주 이번에 연주한 《우리 마을이 좋아》는 참 따뜻해요. 서울에서 태어난 저 같은 도시내기도 이 마을이 내 고향 같다고 받아들였으니 다른 사람도 비슷하지 않을까요? 앞뚜껑 그림을 보세요. 정겹지요?

영주 저는 이 책이 낯설지 않았어요. 강원도 두메산골에서 태어나서 그런지 책에 나오는 풍경이 그대로 우리 마을 같았어요.

부모님은 깊은 산속에서 화전을 일구며 사셨어요. 큰길까지 나오려면 두 시간은 걸어 나와야 했는데, 언니는 아버지가 엄마를 업고 마을로 나와서 낳았대요. 저는 아버지가 직접 받으셨어요. 그러니까 저는 깊은 산속에서 태어난 거지요.

산이 좋고, 풀벌레가 좋고, 별빛이 좋고, 달빛이 좋고, 물소리가 유독 좋은 건 분명히 나랑 인연이 깊어서일 거라고 생각했어요. 아마 내가 태어날 때 그런 환경에 놓여 있지 않았을까 확인하고 싶었어요. 50년 만에 가 보니까 집터로 들어가는 길이 산속길이라 걷기에도 너무 좋았어요. 문득 그런 생각이 들더라구요. '내가 돌아갈 곳을 찾으러 온 거구나. 온 자리로 가고 싶어서 왔구나' 평소에도 '나는 어떻게 세상을 떠나면 좋을까?'를 많이 생각하거든요. 그곳을 보는 순간 '그래 이 자리에서, 내가 난 자리에서 다시 사라지면 되겠구나' 했어요.

택주 그때도 집에서 아이를 낳았군요. 그러고 보니 병원에서 아이를 받는 일이 그리 오래된 얘기가 아니네요. 그새 까맣게 잊고 아이를 낳을 때는 마땅히 병원에 가서 낳아야 한다고 받아들였네요. 하긴 옛날엔 집에서 상여가 나가곤 했는데 언제부터인지 사람들은 거의 병원에서 죽고, 주검이 집으로 돌아오지 못하고 장례식장으로 가고 마네요.

해진 요즘엔 집에서 사망하면 처리 과정이 복잡해요. 태어나는 것도 병원에서 해야 서류상으로 편하고요. 출생신고할 때도 의사가 발급하는 출생증명서가 필요하니까요. 태어남과 죽음이 집이 아니라 병원으로 다 옮겨졌죠.

영주 이 책이 또 좋은 건 책에서 돈 냄새가 안 나요. 할머니가 욕심이 없어요. 이건 누가 먹고, 저건 누가 먹고, 함께 나누는 모습이 따뜻해요.

해진 뭐든 나눠 먹는다는 거, 그 부분이 너무 좋았어요. 작은 텃밭을 하는데 텃밭에서 이 농사도 안 됐고, 저 농사도 안 됐고 투덜거리거든요. 지난해에는 고구마도 이만큼 했는데 올해는 너무 적고. 한참 막 그러다가도 '이런 거 하나하나 따지려면 농사 안 짓고 사 먹는 게 싸겠지' 하고 마음을 고쳐먹어요.

선화 저도 시골에서 나고 자랐어요. 전라남도 고흥에 있는 나로도라는 섬인데, '나로우주항공센터'가 있는 곳이에요. 우주항공센터가 들어서면서 가게들이 이름을 몽땅 '우주'로 바꿨더라고요. 우주식당, 우주슈퍼, 우주세탁소. 외할머니도 '우주장례식장'에서 조문객들을 맞았거든요.

이 책 보니까 외할머니 생각이 많이 났어요. 몸집도 작은 꼬부랑 외할머니가 달인 약초가 효험이 좋아서 동네 사람들이 할머니한테 자주 탕약을 부탁했거든요. 산에서 약초를 캐다가 눈에 가시가 찔려 한쪽 눈이 안 보이게 되었지만, 돌아가실 때까지 시골집에서 농사짓고 약초 달이며 사셨어요.

외할머니가 당신이 평생 일구던 밭 한 켠에 묻히는 걸 보면서 '사람은 우주에서 와서 우주로 돌아가는구나' 하고 생각했어요.

영주 예전에는 마을에서 모든 게 거의 이루어졌잖아요. 어렸을 때 남동생이 엄청 심하게 배탈이 났어요. 앞집 할아버지가 침을 놓는 분이었는데, 할아버지 덕분에 동생이 살아났어요. 엄마한테는 평생 은인이죠. 할아버지가 돌아가실 때쯤에 똥오줌을 받아내야 했는데요, 정작 할아버지 가족들은 그걸 못 해요. 그런데 엄마한테는 아들을 살려 준 분이니까 농사철 바쁜 중에도 틈틈이 할아버지를 돌봤어요. 요즘엔 돌봐 주시는 분들이 따로 있지만 그땐 없었어요. 나고 죽고가 마을에서 다 이루어졌던 거죠. 그런 마을이 참 좋았던 것 같아요.

승희 이 책을 읽으며 두 장면에 꽂혔어요. 할머니가 닭을 보시고는 '시끄러워도 키워야 사는 것 같고'라고 하시는데 적당히 시끄러운 거, 그게 인생이라고 읽혔거든요. 역시 이 할머니는 득도했구나 싶었어요. 그리고 소의 눈빛. 순하다는 눈은 저렇구나, 화가는 이걸 어떻게 그렸을까, 싶었고요. 또 뒤에 가면 청설모가 '어? 내가 땄는데 다 사라졌어' 하는 얼굴이 나오는데 손가락으로 청설모 입을 가리고 눈을 봤어요. 그냥 눈인데 입을 그렇게 그린 순간 '내 거 다 어디 갔지?' 이렇게 되는 거예요. 화가가 눈만 가지고 이야기를 다 했구나 싶었어요.

책을 읽든 사람을 만나든 사람이 산다는 건 '낱말에 대한 습득'이라고 생각하거든요. 이 책을 읽고 아이들이 처음 만날 말이 뭘까? '처량'이라는 말을 아이들이 알까? 대체로 우리는 '외로워, 쓸쓸해' 같은 말을 쓰며 이야기하지 문학에서나 다루는 '처량하다'는 이 말을 어떻게 받아들일까, 궁금해졌고요.

마지막 장면을 보면 "이제는 만사가 귀찮어. 꽃나무 가꾸는 것이나 재미있지"라고 하거든요. 근데 이게 진짜 귀찮은 걸까? 이 책에 나온 형용사와 동사를 찾아봤어요. 쓸쓸해, 그리워, 처량해……. 몇 개 있더라고요. 그래서 '아! 이 말들을 아이들이 쓰게끔 이 책을 통해서 살려야 되겠다'는 생각도 했고요.

또 하나는 제목이기도 한 '우리 마을이 좋아.' 대체로 '우리'라는 말은 '우리 집, 우리 언니'처럼 작은 단위부터 '우리 동네' '우리나라'까지 크고 넓게 쓰이잖아요. 그 가운데 '마을'이라는 말은 마을공동체 활동 덕에 시골에서도 도시에서도 자주 쓰이죠.

아이들한테 '마을이 뭐지?' 물었어요. 요즘 아이들한테 마을을 물으면 편의점을 떠올리더라고요. 처음에는 삭막했는데 생각해 보니 그게 옛날로 치면 구멍가게인 거예요. 요즘엔 모퉁이마다 편의점이 하나씩은 있잖아요. 예전에는 마을 어귀마다 구멍가게가 있어서 구멍가게 주인한테 "우리 애 못 봤어?" 그럼 구멍가게 주인이 "그 집 애 누구랑 누구랑 갔어" 그러며 알려줬잖아요. 지금은 편의점 주인이 그 역할을 하는 거죠. 옛말은 따뜻하고, 지금 언어는 삭막하고 도시화된 거라는 선입견을 갖고 있었구나 싶었어요.

택주 서울 강북구 인수동에 '밝은누리한몸살이'란 마을에 '고운울림'이라는 찻집이 있어요. 그곳에 서른세 번째 꼬마평화도서관이 있어요. 거기서 《우리 마을이 좋아》를 처음 연주했거든요. 찻집 줏대잡이 성희는 마지막에 보이는 이 구불구불한 나무 그림을, 한평생 같다고 하더군요. 그 얘기에 그리 새로울 게 없이 사는 여느 사람도 알고 보면 '구불구불 얼기설기 얽히며 갈래갈래 펼치며 사는구나!' 하고 느꼈어요.

승희 마지막 장면이 영화로 치면 페이드아웃이에요. 할머니가 밤하늘의 별도 보고 하늘도 보고 달님도 보고 쓸쓸해…… 이러다가 별로 가실 걸 우리 모두 알잖아요. 마지막에 보면 할머니가 유아차를 끌고 오는데 이 책 맨 앞부분이 유아차에서 갓 나온 아이로 시작하거든요. 이렇게 태어나서 유아차 끌고 다니면서 페이드아웃 되는 게 인생인 거죠.

택주 우리 어머니 아버지 고향은 개성 아래 '개풍'이에요. 맑은 날에는 강화도에서 빤히 건너다보여요. 갈 수 없는 곳이어서 그런지 더 아련해요. 내가 태어나 살던 데는 서울 효창공원 밑이거든요. 아파트가 빼곡하니 들어서서 가도 떠올릴 것이 없어요. 하는 수 없이 이런 책을 보면서 고향이려니 하고 받아들이나 봐요.

영주 이 책에는 지혜가 듬뿍 담겨 있어요. 태어남과 죽음을 얘기하지만, 아이들이 다 겪지는 못해요. 그런데 이 책에 그 이야기가 말 없이 녹아들어 있더라고요. 인생이란 이런 거라고요. 우리가 도시에 살면서는 겪기 어려운 귀하고 따뜻한 것들을 보여 주네요.

승희 엄마가 강원도 시골집과 서울집을 오가며 사세요. 시골집에 더 많이 머무르시죠..

엄마가 서울집에 오면 전화를 해요. "나, 서울이야. 바쁘지 않으면 다녀가" 엄마가 서울 오면 동생들과 하는 일이 있어요. 강원도에서 가져오신 푸성귀와 반찬들을 나눠 가는 것도 있지만, 엄마 이야기를 듣는 것이죠. 동네가 작고 공동체가 더 친밀할수록 얘깃거리가 풍성하잖아요. 서울과 강원도를 오가는 엄마는 시골집에서 있었던 일들을 저희들에게 풀어놓고 가요.

이제는 강원도에 가끔만 가고 서울에 계시라고 해도 쏜살같이 가세요. 거기가 좋다고요. 이 책이랑 똑같아요. 밭에 뿌려 놓은 씨앗들 돌봐야 한대요. 걔들 크는 거 봐 줘야 하고, 또 크면 솎아서 서울 친구들 가져다 줘야 하고. 이게 엄마 즐거움인 거죠.

어떤 방송에서 본 건데요, 일본에서 노인들이 주장하는 거래요. 고독사는 있으면 안 되지만 고독한 삶은 필요하다고요. 고독한 삶을 살게 우리를 놔둬라, 보호한다고 한군데다 모아 놓고 나이 들었다고 집단으로 수용하듯 그러지 말아라, 나는 내가 살던 집에서 고독하게 살고 싶다, 그 권리를 인정해 달라는 얘기거든요. 책 속 할머니도 바로 그 말을 하고 있는 것 같아요. 고독하게 살 권리.

영주 우리 부모님도 그렇게 말씀하세요. 거기가 좋다고요. 그런데 요즘 아이들한테는 공부하는 게 일이잖아요. 공부 말고는 다른 것들이 주어지질 않아요. 그래서 아이들이 도시에서 할 수 있는 일은 어떤 것들이 있을까? 생각해 보면 마땅치 않더라고요. 아이들도 집이든 어디든 몸 놀려서 할 수 있고 그 즐거움을 알 수 있는 일들이 있으면 좋겠어요.

해진 친정 엄마는 제가 퇴근하고 집에 오기 전에 애들 목욕까지 다 시켜 놔요. 아, 이제 나도 집안일을 좀 해야겠다 싶어서 엄마한테 "빨래는 세탁기에 넣고 돌리기만 하세요. 꺼내고 널고 개고는 내가 와서 할게요" 하고 아이들을 엄청 부려먹었어요. 아이들이 빨래 개는 것도 되게 일찍 배우고, 요즘도 분리수거는 아이들이 하고 음식물 쓰레기도 가져다 버리고 그러거든요.

    최근에 이사를 갔는데, 이사 가기 전에는 이게 유난스러운 일도 아니었고 '아이들이 이런 걸 다 하네' 이런 소리도 못 들었는데 이사 간 아파트 엘리베이터에서 재활용이랑 음식물 쓰레기 들고 있는 우리 집 아이들을 보고 한 엄마가 놀라면서 "이 집은 왜 애들이 이걸 해요?" 이래요.

영주 제가 어릴 때만 해도 집안일하는 게 당연했거든요. 일어나면 누구는 이불 개고, 누구는 요강 부시고, 누구는 청소하고. 왜냐하면 방으로 밥상이 들어와야 하니까요. 그래서 당연히 저도 아이들에게 집안일을 맡겼죠. 나중에 아이들이 친구들한테 물어봤더니 어렸을 때 밥을 했다는 아이는 하나도 없었대요. 어느 순간 나쁜 엄마가 되고 말았어요. 애들을 부려먹는 엄마. 그래도 아이들이 일을 해야 한다고 생각해요.

해진 중학생 때 처음 교복이 생겼어요. 근데 엄마가 그러는 거예요. 엄마는 교복을 너무 입고 싶어도 못 입어 봤는데 교복 정도는 네가 빨아 입고 다니라고요. 다른 데 빨 거 없잖아요. 와이셔츠 목하고 손목만 비비는 거예요. 그렇게 헹궈서 입고 다녔거든요. 근데 우리 반에서 저 혼자만 그런 걸 알고 깜짝 놀랬어요. 다들 엄마가 빨아 주었다고 해요. 근데 우리 엄마는 교복을 스스로 빨아서 입고 다니고 싶었던 사람이에요. 그래서 그냥 자연스럽게 시켰던 거더라고요.

승희 요즘 실험하는 게 있어요. 아이들하고 수업을 하다 보니까 아이들이 계절감이 없어요. 감뿐만 아니라 '계절'이라는 말을 몰라요. 그래서 특히 이런 시기에 물어봐요. "얘들아, 지금이 봄 여름 가을 겨울 중에 언제야?" 그러면 초등 3, 4학년쯤 되는 아이들은 가을 끝자락에 와 있다고도 해요. 순서도 잘 몰라요. 그냥 때와 무관하게 사는 거예요.

이 책을 읽으면서 아이들한테 '봄은 어떤 거 같아?' 묻고 그걸 쭉 써 보자고 했어요. '꽃 피어'라는 말이 가장 많더라고요. 아이들한테 칭찬해 주었어요. "제대로 아는 거야. 봄에 꽃이 피거든" 생각해 보니까 에어컨이 집집마다 있어서 덥다는 것도 잘 못 느끼고, 들로 산으로 나가야 자연이 바뀌고 풍경도 바뀌는 걸 알고 노는데 딱히 그럴 만한 놀거리가 없는 거예요.

택주 책상에서 책상으로만 옮아가니까요. 한 칠팔 년 전만 해도 초등학교 1, 2학년 애들하고 '살림'이 뭐냐고 물으면 '엄마가 하는 거예요. 살림살이요.' 하고 다 알았어요. 근데 지난해에 2학년 애들이 엄마하고 와서 살림이 뭔지 물어봤더니 몰라요. 어째서 그런지 짚어 보니 엄마들이 거의 일하러 나가니까 살림할 겨를이 없어요. 태어나고 죽는 것을 다 바깥에 떠넘겼듯이 밥도 나가서 먹거나 배달시켜 먹으니, 살림이라는 낱말이 아이들 머리에 들어설 틈이 없어요. 딸기를 겨울에 먹는 것으로 알거나 사철 먹을 수 있는 것으로 알 만큼 철이 사라진 거죠. 올해 고등학생들하고 만났을 때도 다를 바 없었어요. 살림살이를 모르다니 머리를 세게 얻어맞은 느낌이었어요.

승희 눈이라도 와야 겨울인 거고 나머지 도시 풍경은 사시사철이 비슷해요. 책에서 할머니가 봄에 이런 열매를 먹는다고 하셔서 다시 책을 들여다봤어요. 봄에 벌써 이렇게 익었단 말이야, 이러면서요. 읽으면서 할머니가 맞이한 여름은 뭘까? 하고 봤더니 여름에는 그냥 더워서 마을 평상에 모여서 지내는 게 여름이더라고요.

　이 책 면지에 쓴 색깔은 우리가 흔히 쓰지 않는 색이잖아요. 굳이 표현하자면 다홍인데 황토 같기도 하고, 그러니까 흙의 색이면서 동시에 열매 색깔이고 자연이 익은 색깔이랄까? 또는 할머니 인생은 이 색깔이라는 생각이 들었어요. 지금 우리도 해볼까요? 자기 색깔 말하기.

택주 제 빛깔? 제 빛깔은 모르겠고 보랏빛이 좋아요. 근데 보랏빛 옷 가운데 썩 마음에 드는 빛깔이 없어서 입지는 못해요. 보랏빛이 제 빛깔이랄 수는 없고, 좋아하는 빛깔이에요.

승희 슬픈 건 뭐였냐면 이 질문을 하면 사십 대 엄마들이 밝은색을 안 고른다는 거예요. 인생을 우울하다고 생각하는 건지, 그게 궁금했어요.

해진 저는 파란색? 도라지꽃에 조금 파란빛 도는 보랏빛 그 색깔 되게 좋아하는데 그게 실제로 꽃을 심어 보면 보라색이라기보다는 파란빛이 더 많거든요. 제 생활이 파란빛인 것 같아요. 빨간빛인가?

영주 아침에 나는 갈색인가, 그런 생각을 했거든요. 근데 이 질문을 들으려고 그랬나 봐요. 저는 땅이나 흙을 되게 좋아해요. 그러니까 갈색이요.

선화 나는 무슨 색깔이지? 생각을 해 보니까 신호등인 것 같아요. 요즘 제 삶이 그런 것 같아요.

아주 최근에 몇 년 전 일했던 도서관으로 다시 가게 되었는데 걱정이 컸어요. 예전에 저는 생각에 확신이 들면 직진하는 사람이었어요. 생각이 다른 사람들 말을 귀담아듣지 않았어요. 남을 설득한다고 하는 말이 듣는 사람들에게는 훈계로 들렸고요. 당연하게 상처를 주고받았고, 받은 상처는 더 깊게 남잖아요.

예전 동료들을 다시 만나려니 움츠러 들고 걱정도 됐는데 서로 변했더라고요. 지금 딱 한 달 됐는데 잘 지내고 있어요. 멈출 때 멈출 줄 알고 나아갈 때도 속도를 조절하며 내딛는 힘이 생겼더라고요.

승희 요즘 느닷없이 오렌지색에 꽂혔는데요. 예전에 어떤 복지관에서 수업을 했는데 오렌지색 손수건을 선물로 받았거든요. 잊고 있다가 어느 겨울에 둘렀는데 기분이 막 좋아지는 거예요. 그러면서 시간이 흐르고 날이 갈수록 '인생 뭐 있어? 원래 날라리인데 그냥 더 날라리로 살아야지' 이러면서 더 놀고 싶은 거예요. 그러면서 '저 오렌지색 손수건을 두르고 어디를 쏘다니며 놀까' 라며 놀 궁리를 하더라고요. 겨울이 저한테 그런 시간이었나 봐요. 나가서 놀 준비하는 시간.

해진 책 모임엘 나가 보면 인문계열쪽 사람이 많아요. 저처럼 자연계열인 사람들은 "책을 뭘 같이 봐, 따로 읽고, 각자 요점 정리하고, 요점 정리한 거 보면 되지" 그러거든요. 이야기를 나누다 보면 저만 엉뚱한 소리를 하는 거예요. 요즘 아이들도 상식에서 벗어난, 이른바 좀 깨는 아이들이 있잖아요. 근데 제가 그 깨는 사람인 거예요. 그게 어쩜 그렇게 안 바뀌는지. 그래서 아까도 이야기 나누는 거 들으면서 '이거 내가 읽은 책이랑 다른데?' 싶었어요.

영주 삶은 기다려야 할 때가 있고, 바뀌어야 할 때가 있고, 따라야 할 때가 있잖아요. 이 책에는 모든 흐름이 다 들어 있어요. 기다렸다가 치열했다가 또 받아들였다가 조금 쉬기도 하며 바뀌는 것이 자연스러운데 어떤 아이들을 보면 무조건 고집을 피워요. "왜요? 저는 이러고 싶은데요" 이러면서요. 그러면서 외롭다고 해요. 나는 꼭 이래야 하는데 그렇게 되지 않는 거예요.

부모님이 내 맘 같지 않고, 친구가 내 맘 같지 않고. 그 아이에게 슬쩍 물어요. '그러면 너는 그들이 바라는 사람이니?'라고요. 그럼 "내가 왜요?"라고 되물어요. 자기가 품은 답이 있는데 세상이 그대로 맞춰지지 않으니 너무 화가 나고 슬프고 외로운 거예요. 이러니 아플 수밖에 없겠구나 생각이 들어요. 철을 좀 알았으면 좋겠어요. 이 책에서 배웠으면 좋겠어요. 생겨난 모든 것들은 다 바뀌고 그게 자연스러운 거라고요.

선화 아이들한테 계절을 알려 주고 싶어서 강원도 홍천에서 나는 제철 먹을거리 꾸러미를 오륙 년 받았어요. 봄이 참 좋았어요. 3월이 되면 화전 부쳐 먹을 수 있게 진달래꽃이랑 쌀가루를 보내 주거든요. 4월이 되면 아까시나무랑 쌀가루를 보내 줘요. 화전이랑 꽃 튀김을 먹으면서 아이들이 "이거 누가 보내 줬어?" 하면 '강원도 할머니가 보내 줬어' 하면서 기분이 좋았던 기억이 나요.

아이들이 커서 고2, 중3이 됐어요. 이 아이들한테 마을이 뭘까 생각하면 안타깝기도 하지만 저는 워킹맘이다 보니까 동네 엄마들 도움을 받아 아이들을 키웠어요. 도시가 삭막해 보이지만 그 안에서 관계들은 계속 생겨나는 것 같아요. 동네 엄마들이 은인이에요.

또 생각나는 건, 아이들이 처음 가스레인지 불을 켤 때인데 한 30분을 통화했나 봐요. 무서워서 엄두를 못 내다가 어느 날 성공했는데, 그날부터 우리 집이 라면 맛집이 되었어요. 아이 친구들이 우르르 몰려와서 라면도 끓여 먹고 떡볶이도 만들어 먹었어요.

거의 날마다 오는 자매들이 있었는데요, 그 아이들 엄마는 시골에 다녀올 때마다 토종 달걀이며 가래떡, 텃밭에서 딴 채소들을 한아름 보내 줬어요. 그런 경험들이 아이들에게는 마을에서 기분 좋게 얽히는 일상이지 않을까요?

택주 그렇게 어우러지면서 우리를 이루어가요. 어울림을 잃어버렸다고만 생각할 게 아니라 고만고만하게 어울리는 우리 사이에서

라도 피어나도록 꾸준히 만나요.

해진 시어머니 돌아가셨을 때 시어머니 동네분들이 내내 우는 거예요. 장례식장 와서도 울고, 장지 가기 전에 영정사진 들고 동네 한 바퀴 돌 때도 울고. 한풀이를 하듯이 엄청 울어요. 지나고 나서 보니까 이 동네 사람들이 진짜 시어머니 언니고 여동생인 거예요. 50년을 날마다 보고 부대꼈잖아요. 마을이라는 건 피를 나누지 않아도 '우리'라는 말을 붙일 수 있잖아요.

그리고 아까 편의점 얘기가 나왔는데요, 우리 딸이 편의점 사장님한테 문자를 받는 거예요. 너무 놀라서 "편의점 사장님이 왜 문자를 보내니?" 하고 물었더니 편의점 사장님이 포켓몬 빵 순서를 정해 주면, 그걸 모집하고 정리하는 게 우리 딸인 거예요. 빵이 편의점에 들어오면 다 같이 모여서 자기 차례가 된 아이가 빵을 받으면 손뼉 쳐 주고 같이 그걸 뜯어요. 처음에는 상술인 것 같았는데, 사는 풍경이 달라진 거네요.

승희 도시 마을 모습이 달라졌지만 인정해야 할 것 같아요. 달라진 대로 아름답다는 걸 우리가 받아들여야죠. 그것도 사람 사는 방법이니까.

선화 동네에 큰 감자탕집이 있거든요. 십 년 넘게 살고 있으니 사장님이 동네 아이들을 다 알아요. 아이들이 감자탕집 놀이방에서 놀면서 컸고, 네다섯 살 때 만났던 아이들이 중학생이 될 때까지 왕래했으니 감자탕집이 우리 동네 사랑방이었던 셈이에요.

몇 년 전에 도서관에서 책 읽으며 뜨개질하는 모임을 만들었거든요. 코로나 시기를 지나면서 함께하는 분들이 이삼십 명이 됐어요. 서울, 파주, 일산, 제주도까지 사는 곳도 달라서 월요

일 밤마다 줌으로 만나 뜨개질하면서 저마다 가진 것들을 나눴어요. 번역가는 번역한 이야기, 아이 키우는 사람은 아이 키우는 이야기. 지난해 연말에는 뜨개 전시 초대를 받아서 책방에서 전시를 하고, 지금은 이웃 도서관에서 정식으로 초대해서 도서관을 중심으로 하는 마을을 뜨고 있어요. 작품이 하나씩 만들어지는 걸 보면 감탄이 절로 나와요. 낮에는 자기 일을 하고, 퇴근하고 집에 돌아오면 온오프라인을 넘나들며 함께 즐거운 작품을 만드는 이것도, 지금 우리 마을 모습일 수 있겠다는 생각이 들었어요.

택주 동네 감자탕집과 마을에 있는 도서관이 옛 우물과 같은 구실을 하며 이웃과 이웃을 이어 주다니 정겨워요. 우리가 모래 틈에라도 들어갈 만큼 아주 작은 꼬마평화도서관에 둘러앉아 그림책 연주를 하며 정을 나누는 것도 마찬가지겠지요?

승희 '처량하고, 서운하고, 쓸쓸한데……' 이 말들이 와닿았어요. 그런데 쓸쓸하다고 말하는 장면에서 빈 솥에 꽃 핀 거 보셨어요? 그게 인생인 것 같아요. 이사 나간 빈집에 꽃이 피어 있잖아요. 할머니가 말한 '처량해', '서운해', '쓸쓸해' 이 말이 더 돋보였어요.

참, 아까 영주 선생님이 갈색 옷 얘기하실 때 문득 '갈색을 왜 갈색이라고 하지? 가야 할 때가 되어 갈색인가? 어쩌면 모든 것이 갈 때가 되면 그런 빛깔이겠구나' 싶었어요.

구수한 마을이 그리워

택주

고향, 그리움……. 이보다 따뜻한 말이 얼마나 있을까요.
서울에서 나서 자라고 늙어 가다가 이제는 경기도에 사는 저는 그리워할 고향이 없어요. 자고 나면 바뀌는 서울에 떠올릴 거리가 얼마나 있겠어요. 그러니 그리움이 고이겠어요? 그런데《우리 마을이 좋아》를 집어 들면서 그리움이 어리었어요. 앞뚜껑에 있는 그림에서, 우물가에서 채소를 다듬다가 대문에 들어서는 저를 보고 살포숨(미소) 짓던 어머니가 떠올랐거든요.

김병하가 짓고 한울어린이가 펴낸《우리 마을이 좋아》는 충남 부여 산골에 있는 송정마을이 무대예요. 한때 수백여 사람이 북적였던 송정마을은 이제 쉰 남짓한 이가 사는 쓸쓸한 마을이랍니다. 생기를 불어넣으려고 마을 새로 가꾸기에 나선 마을 사람들은 저마다 살면서 겪은 이야기를 한데 아울러 풀어낸 그림책이《우리 마을이 좋아》예요. 그래서 주인공은 할머니 한 분이지만 마을에 사는 모든 할머니 할아버지 숨결이 고스란해요.

"나는 내가 태어나 자란 우리 마을이 좋아"란 말씀으로 문을 연 이 책은 "여기서 마무리를 해야지. 땅으로 바람으로 돌아가는 거지. 얼마나 좋아" 하고 막 내려요.

저도 이제는 언제 죽어도 자연사라고 할 수 있는 나이인지라 태어난 마을에서 살다 죽어 갈 저 할머니가 그렇게 부러울 수가 없어요. 가슴에 가장 깊이 남은 말씀은 "별별 거 다 심고 가꿨지. 그러면 고라니가 먹고, 너구리가 먹고, 오소리가 먹고, 멧돼지가 먹고, 다 먹어. 그래도 워쩍혀, 심어야지. 지들이 먹든지, 내가 먹든지"인데요. "지들이 먹든지 내가 먹든지" 하는 데서 '그렇고말고 어울려 살림이 바로 평화이지' 하는 마음이 일어나 무릎을 쳤어요. 그림은 또 얼마나 구수한지. 어른들은 흔히 그림책에서 그림을 살피려 하지 않고 글만 휙 보고 마는 잘못을 저질러요. 그림 하나하나를 곱씹어 새기면 글만 읽고 스칠 때와는 느낌이 사뭇 다르답니다.

저는 한여름 밤, 더위를 식히러 나와 앉은 평상 옆에 피운 모깃불이 구불구불 스러져 가는 모습을 보며 우리네 삶도 저리 스러지는 게지 싶어 찡했어요.

기다리면
별이 된다네

《큰 늑대 작은 늑대의 별이 된 나뭇잎》

나딘 브륑코슴 글
올리비에 탈레크 그림
이주희 옮김
시공주니어
2008

영주 '그냥'이라는 말, '그냥' 웃는 게 보고 싶어서, 이리저리 따지지 않고 사랑하는 모습이 좋아서 이 책을 골랐어요. '그럴 필요까지는 없었습니다' 하고 '그럴 가치가 있었습니다' 이 두 문장이 참 좋네요. 기다려야 하는 거와 그때그때 들어줘야 하는 것들은 어떤 것들이 있는지도 이야기 나누고 싶어요.

해진 처음에는 속이 터졌어요. 저는 너무 현실주의자네요. 주인공이랑 성격이 안 맞는 것 같아요. 첫아이를 키울 때 아는 게 병이라고 맨날 전공책 찾아보면서 한 살 때 걸리기 쉬운 병 같은 걸 공부했어요. 아기 때 고관절이 빠지기도 하거든요. 그러니까 날마다 일어나자마자 다리 길이를 맞춰 봤어요. 감기 걸리면 아이 입 벌려서 편도 부었나 안 부었나 살펴보고.

둘째는 너무 빨리 생기기도 했고, 한의원도 바빠지고 하면서 소원해지긴 했는데 내가 그래 봤으니 아이 병 때문에 오는 엄마들한테 말해 주기가 좋은 거예요. "그땐 다 그래요"라고. 그리고 분유 먹는 양, 엄마들이 종이에 막 써 오거든요. '선생님 우리 애가 너무 안 먹어요'라면서. 그러면 "그거 분유 회사에서 대략 써 놓은 숫자예요. 아이들 편차가 크니 신경 쓰지 마세요" 해요.

영주 그러게요, 자연스럽게 받아들이면 되는데, 우린 또 정답을 갖고 다가서네요.

택주 작은 늑대가 잎이 반짝반짝 빛나니까 거울로 쓰고 싶다, 고와 보이니까 갖고 싶다고 하는데 큰 늑대가 "기다려 봐, 곧 떨어질 거야. 때가 되면 떨어질 거야"라고만 하니 답답했어요. '달려들어서 하나 따 주지' 하는 마음이었거든요. 큰 늑대는 억지로 따려고 하기보다 때가 되어, 가을에 가랑잎이 되어 자연스럽게 떨어질 테니 그때까지 기다리자고 생각했나 봐요. 근데 늦도록 안 떨어지는 거지. 겨울이 되어 늑대가 나무 꼭대기로 올라가는 모습에 내가 보였어요. 해야 할 일을 미룰 수 있을 때까지 미루다가 끝에 가서야 떠밀려서 하는 수 없이 하는 게으른 내가요.

아무튼 가지 끝까지 간 큰 늑대 손에 잎이 닿자마자 바스러져요. 힘들여 올라갔는데 뜻을 이루지 못했으니 얼마나 헛헛하겠어요. 나 같으면 씩씩거리면서 내려와서 "야, 네가 그토록 갖고 싶어 하는 바람에 내가 죽을 뻔했잖아" 하고 성낼 만도 한데 큰 늑대는 너그러웠어요. 그래서 저렇게 너그럽게 늙어 가면 좋겠다는 마음이 들었어요. 작은 늑대도 "내가 따 달라고 할 때 바로 따 주었더라면 잎이 바스러지지 않을 수 있었잖아!" 하고 소리칠 수도 있는데 그러지 않았어요. 작은 늑대 또한 마음이 넉넉하다는 말이잖아요.

어떤 일을 해야 할 '알맞은 때'란 언제지, 생각하다가 어떤 때였는지보다 어떻게 받아들이느냐가 중요롭겠다 하는 생각이 들었어요. 어떤 때, 어떤 일과 맞닥뜨리더라도 큰 늑대나 작은 늑대처럼 너그럽게 받아들이면 세상이 넉넉해지겠구나하는 마음이에요. 새삼 성을 냈다면 앞으로 누릴 즐거움을 몽땅 앗기고 말았겠네 싶었어요. 이 책은 제가 참으로 '늘보'다울 수 있는 길잡이가 되었네요.

영주 '성을 냈다면 앞으로 누릴 즐거움을 몽땅 앗기고 말았겠네' 하는 말씀을 깊이 새겨야겠어요. "작은 늑대 눈이 반짝이는 것을 보고 싶었을 뿐입니다" 이 문장이 좋았어요. 큰 늑대가 이 마음에서 시작했기 때문에 작은 늑대가 맛보고, 반짝이고, 즐길 수 있었다고 생각해요. 단지 반짝이는 그 눈이 보고 싶어서 시작했던 마음으로 작은 늑대가 이렇게 느낄 수 있었잖아요.

승희 작은 늑대가 봄부터 잎을 따 달라고 했는데 큰 늑대가 기다리라고 한 건 저 잎이 지금은 연두지만 여름을 지나면 짙은 초록으로 바뀌기 때문이었을 것 같아요. 그걸 보여 주고 싶어서 그런 거 아니었을까요? 또 여름에도 안 따 준 건 물들면 얼마나 예쁜 색으로 바뀌는지 그걸 보여 주고 싶어서 아닐까요? 얼마든지 지금 올라가서 따 줄 수 있는데 조금만 기다리면 네가 더 많은 걸 볼 수 있다는 마음이요.

그리고 이제 드디어 회색 잎으로 되었을 때, 작은 늑대는 사실 그게 수없이 많은 호기심 가운데 하나였기 때문에, 그 말을 툭 던져 놓고 까먹어 버렸는데 오히려 작은 늑대에게 잘 해 주려는 큰 늑대 마음에 이입이 되더라고요. 큰 늑대는 얼마나 보여 주고 싶었을까. 나중에 그게 와르르 와르르 무너졌을 때, 작은 늑대는 자기가 따 달라고 해 놓고도 까먹었잖아요. 그랬다가 그게 별이 되어 떨어진 순간, 별이 될 때까지 큰 늑대가 감수해야 하는 그 위험천만함. 이걸 보면서 작은 늑대한테 큰 늑대가 소중하기 때문에 그렇게까지 안 해도 되는데, 그러다가 다치면 어떻게 하냐며 서로를 위하는 마음이 섞여 버렸죠.

하나는 위에서 별을 보고 하나는 밑에서 별을 보면서 그때를 잘 기다리고 다 느끼게 해 주려고 했던 큰 늑대의 마음. 큰 늑대가 왜 기다리라고 하는지를 몰랐지만, 나중에 별이 된 나뭇잎을 보고 깨닫고 고마워하는 작은 늑대의 마음. '아, 애를 쓰려면 이런 데 써야 해. 그게 가치구나' 이렇게 생각했거든요.

열매도 맛있게 익을 때까지 기다리라고 하죠. 사랑하는 사람일수록 그렇게 할 것 같거든요. 그러면서 나는 어떤 일에 큰 가치를 두고 그걸 위해 애쓰며 사는지 찾아봤어요. 제 키워드는 크게 보면 평화겠지만 지금은 공동체? 뭐 그런 거더라고요. 따뜻한 세상, 그걸 위해서 혁명을 하는 거 아닐까요?(웃음)

영주 작은 늑대도 아이들도 기다리는 일은 많이 어려울 거예요. 그래도 얘기를 나누다 보니, 소중한 존재일수록 더 기다림을 알게 해야겠다는 생각이 들어요. 큰 늑대는 작은 늑대가 웃는 얼굴 보려고 위험을 무릅쓰면서까지 목숨을 걸었잖아요. 큰 늑대에게 작은 늑대는 세상에서 가장 소중한 거죠. 그런 마음을 아이가 느낄 수 있으면 아이는 자기를 아주 소중하게 여길 거예요.

해진 어렸을 때 요구가 많이 받아들여진 아이일수록 나중에 필요 없는 요구를 안 하게 된다고 하더라고요. 욕구가 그만큼 충족되니까. 요즘은 아이가 원하기 전에 다 해 주는 부모가 많아서 탈이죠. 나중에는 원하는 게 없어지는 거죠. 내가 원하는 게 뭔지도 모르고. 그런데 저 큰 늑대가 달에 어떻게 올라갈까요?

영주 세숫대야에다 물 담아 가지고 떠다 주지 않을까요?

해진 오호, 그림책 또 한 권 나왔다. 달 떠다 주는 그림책.

승희 누구를 위해서 이렇게 정성스럽게 뭘 해 본 적이 있으신가요?

영주 엄마들은 한 번쯤 해 보지 않았을까요?

승희 자기 아이한테 하는 거 말구요.

택주 남자가 여자한테 사랑을 빌 때나 일하는 사람이 일에 빠졌을 때 그렇지 않을까요? 독서 삼매경도 그렇고 제가 좋아하는 것에는 그렇게 빠져들겠죠, 마음을 다 쏟으며.

영주 제 아이들을 사랑하던 그 마음이 곁에 있는 사람들, 이웃으로도 퍼지면 좋겠어요.

선화 처음에는 밋밋했는데 읽을수록 좋았어요. 작은 늑대가 나뭇잎을 따 달라고 할 때마다 큰 늑대가 기다리면 떨어진다고 하잖아요. 나뭇잎이 생을 다 할 때까지 기다려 주려는 큰 늑대 마음이 좋았어요. 한겨울이 되자 드디어 나뭇잎을 따라 올라가는 큰 늑대의 이유도 마음에 들었어요. 그냥, 작은 늑대 눈이 반짝이는 걸 보고 싶다는 마음요.

    나는 누군가의 눈이 반짝이는 것을 보고 싶어서 무언가를 한

적이 언제였지? 생각해 보니 바로 떠올랐어요. 얼마 전 둘째 생일날, 집 안 가득 풍선을 채우느라 지치도록 풍선을 불었어요. 학원에서 느지막하게 돌아온 아이 눈이 반짝여서 보람 있었어요. "그럴 필요까지는 없었는데"라는 말은 하지 않았지만요.

큰 늑대와 작은 늑대 사이가 저와 아이들 관계로도 읽혔고, 일터에서 후배들과의 관계로도 읽혔어요. 큰 늑대 같은 엄마면 좋겠다, 큰 늑대 같은 사수면 좋겠다는 생각이 들었거든요. 작은 늑대에게 기다리면 떨어진다고 말하는 큰 늑대처럼 성장하는 사람들을 위해 지혜로운 말과 더불어 곁에 있어 주는 존재로요. 때가 되었다고 생각하면 고난을 무릅쓰고라고 행동하는 큰 늑대이고도 싶었고요.

나뭇가지 위에서 동공이 커진 큰 늑대가 안간힘 쓰는 게 안쓰럽고도 귀여웠어요. 그리고 마침내 (헤어질 결심처럼) 성공한 뒤 나무 위에서 진정한 큰 늑대가 되어 웃음 짓는 모습은 근사했어요. 나무 밑에서 큰 늑대를 경이롭게 바라보는 작은 늑대가 있어서 더 빛나는 장면이었어요.

작은 늑대가 "나뭇잎 한 장 때문에 이런 일까지 할 필요는 없었다"고 말하니, 큰 늑대는 "기다려 봐, 곧 떨어질 테니"라고 받잖아요. 마지막 장면에서 두 문장이 아름답게 맺어져서 역시나 저도 웃을 수 있었네요. 책에는 없는 둘의 대화를 떠올려 봤어요.

작은 늑대 큰 늑대, 너는 다 계획이 있었구나!
큰 늑대 당근이쥐?

나뭇잎은 어떻게 별이 되었나?

영주

화요일 저녁에는 동네 엄마들이 꼬마평화도서관에 모여 그림책 수다방을 엽니다. 이번 주에 만난 그림책은《큰 늑대 작은 늑대의 별이 된 나뭇잎》입니다. 먼저 소리를 내어 읽습니다. 그렇게 그림책 연주를 마치자, "우와 감동, 그림 참 예쁘다"라며 손뼉들을 칩니다.

그때 평소에는 조용하지만 궂은일에 앞장을 서던 이가 벌컥 성내듯 말해요. "작은 늑대가 나뭇잎을 맛보고 싶다며 따 달라고 할 때, 큰 늑대는 어차피 따 줄 거면서 왜 처음부터 따 주지를 않은 거예요? 기분 나쁘네" 그러자, "그러게 말이야!"라며 맞장구를 치는 이도 있고. "대신 기다림이 주는 기쁨도 배웠잖아요"라고 다른 의견을 말하는 이도 있어요.

그이는 어렸을 때 처음으로 무언가를 사 달라고 했다가 거절당한 이야기를 했어요. "원하는 걸 요구한 건 그때가 처음이었어요. 진짜 큰 용기를 내어 말했던 건데 그걸 들어주지 않는 거예요. 너무 화나고 속상했어요" "그랬겠어요, 너무 슬펐겠다, 애가 그걸 말할 때 얼마나 힘들었겠어" 저마다 한마디씩 위로와 격려를 건네요. 할머니와 단둘이 살았던 그이는 항상 할머니 처지를 먼저 생각했고, 할머니가 먼저였기에 자기가 원하는 얘기를 한다는 건 참으로 어려웠대요. 지금도 그때 일을 생각하면 서운한 마음이 일어난대요.

또 다른 이는 '기다려. 때가 되면 떨어질 거야'라는 큰 늑대 말에 "도대체 때가 됐다는 것은 어떻게 알 수 있는 거예요? 그런 걸 알면 참 좋을 텐데"라며 고개를 갸우뚱해요. 그렇게 서로가 서로에게 묻고 답하며 한바탕 웃었어요.

다음으로는 작은 늑대의 고백처럼 가장 예뻤던 것들을 이야기했어요. 그런데 신기하게도 모두가 약속이라도 한 것처럼 똑같이 말해요. "갓난아기요" "처음엔 아기를 품에 안았는데 너무 못생긴 거예요. 그런데 이상하게 둘째 날부터는 그렇게 예쁠 수가 없어요. 진짜 천사 같아요" "그래요, 그래. 나도 그랬다니까요!" 분위기는 난로처럼 따뜻해졌어요. 그 순간, 그이들 얼굴이 빛나고 있는 걸 봤어요. 그리고 참 예쁘다고 생각했어요. "지금이구나, 나뭇잎이 별이 되는 순간이!"

우리는 모두 즐거운 마음으로 그림책 시간을 마쳤어요. 나는 결 고운 이들과 그림책을 연주하며 마음으로 만나는 이 시간이 참 기쁘고 뿌듯했습니다. 정말 애쓸 가치가 있는 귀한 시간이었습니다.

오늘 밤 함께 울고 웃으며 보낸 우리들의 소중한 시간이 반짝이는 별처럼 은하수가 되어 흘러갑니다.

할머니는
커다란 엄마

《할머니의 뜰에서》

조던 스콧 글
시드니 스미스 그림
김지은 옮김
책읽는곰
2023

승희 주인공 아이가 그린 그림이 곳곳에 다 들어 있어요. 아이가 보는 책에도 있고 맨 마지막에 할머니 누워 있는 방 앞에도요.

해진 할머니는 이 그림이 좋았나 보네요, 이렇게 벽에 붙여 놓으신 거 보니까. 아이들 유치원에서 날마다 공부한 걸 모아서 주잖아요. 우리 집은 아이가 둘인 데다가 해마다 모으니까 너무 많아져서 그걸 분리수거한다고 하나하나 정리하고 있었어요. 그랬더니 엄마가 그걸 왜 버리냐고, 잘 간직해야지 해요. 그래서 이거 다 쓰레기 된다고 하니 "이거는 내가 가질래" 하면서 아이들이 그린 걸 엄마 상자 안에 넣어 두는 거예요. 제가 좀 서운해서

"나 어릴 때 그린 그림은 다 어디 갔어? 내 그림은 없잖아. 엄마도 내 거는 안 모았는데 왜 나한테 자꾸 애들 거 모으래?" 했어요. 제가 좀 못됐죠.

영주 서운했겠어요, 엄마 딸은 우리 아이들이 아니라 난데.

해진 어제는 아이가 시험 문제를 두 개 틀려 왔거든요. 혼내지는 않고 왜 틀렸는지 한번 보자, 이거는 너가 몰라서 틀린 거네, 묻는 걸 잘못 읽었네. 이렇게 이야기하고 있는데 엄마는 열심히 했으니 냅두라는 거예요. 저는 어렸을 때 모든 과목을 백 점 맞고 한 과목에서 두 개 틀린 걸로 엄청 구박받았는데. 내가 막 엄마한테 뭐라고 했어요. 그랬더니 당신은 그런 적 없대요. 아닌데, 내 기억 속에는 있거든요.

택주 그때는 어땠는지 모르지만 요즘 느낌은, 그러니까 우리가 옛날을 돌아보면서 어떤 얘기를 하더라도 그때로 갈 수는 없어요. 오늘 눈길에서 그때가 좋았던 거지요. 참으로 좋았는지, 그저 그랬는지는 그때로 돌아가지 않고서는 알 수 없어요. 지난날은 오늘 눈길로밖에 짚어 볼 수가 없다는 말이에요. 나이도 먹고 기운도 떨어지면서, 소일거리가 손주들 보는 재미로 돌아가잖아요. 보는 눈길이 달라졌어요. 내가 중요롭게 생각하는 것들이 그때와는 다른 데로 옮아온 거지. 그때에는 아이 키우는 것뿐 아니라 해내야 할, 맡은 몫이 너무 많았어요. 그래서 겨를이 없었으나, 늙다 보니 하나둘 일손을 놓게 되고, 그러니까 중요로운 것이 오롯이 드러나고 거기에 매달릴 수 있는 거죠.

영주 할머니는 바라봐 줄 수 있는 여유나 눈길이 있어 참 좋은 것 같아요. 맨 앞에 그림이 좋다고 하셨잖아요. 얼굴 그림에는 이목

구비가 없어요. 이 두 사람은 말이 필요 없이 몸으로 소통하는 사이 같아요. "왜 그래요?"라고 물어도 할머니는 손금만 만져요. 굳이 말하려고 하지 않고요. 부모님은 아이한테 내가 하는 말만 들으라고 하지만, 아이는 부모님 말씀은 안 들리고 모습을 보잖아요. 보고 듣고 말하기보다 더 중요한 게 뭘까요?

택주 이런 말이 있잖아요. "말로 가르치니 거스르고 몸으로 가르치니 따른다" 젊었을 때는 말로 어떻게든지 해 보려고 해요. 내가 어른이니까 아이를 가르칠 수 있다고 믿지요. 늙어 보니까 어른이고 아이고 내가 가르칠 수 있는 게 아니더라고요. 그냥 스스로 배울 뿐이지. 돌아보니 이렇게 해 보면 더 좋겠다든가 이런 말밖에는 할 수 없는데.

젊어서는 내가 사람을 바꿀 수 있다고 생각했어요. 그러니까 말이 먼저 나가요. 어서 매듭을 지었으면 좋겠고, 네가 내 바람에 따랐으면 좋겠고, 그래서 부부 싸움도 적잖이 했어요. 누가 봐도 바람직한 그림을 그려 놓고 거기에 맞추지 못한다고 닦달하고.

승희 이 책 읽으면서 영화 〈미나리〉가 떠올랐어요. 〈미나리〉에도 심장병 때문에 아이를 못 뛰게 하는데 할머니는 "괜찮아, 뛰어" 이러면서 미나리 키우는 데도 데리고 가거든요.

최근에 칠십 대 어르신들과 일곱 살 아이들을 한 모둠으로 엮어 짝꿍을 맺어 주고 생태 수업을 했어요. 처음에는 이게 수업이 어떻게 될까? 막 궁금한 거예요. 그런 모험을 좋아하는 터라 한 번 해 보자는 마음으로 시작했어요.

수업은 진짜 재밌었어요. 엄마랑 아이랑 짝을 하면 우리 아이가 대답을 뭐라고 하나, 너 이렇게 하는 거 아니야, 틀렸어, 바꿔. 잔소리하기 쉬운데 어르신들은 아이들이 뭐라고 대답해도 잘했다고 박수 쳐 주고, 예쁘다고 칭찬해 주는 거예요. 그러니 아이들은 더 용감하게 막 손들면서 생각나는 대로 답하고요. 할머니들은 일곱 살들 기운을 그대로 받아 가고, 일곱 살 아이들은 할머니들의 여유, 너그러움, 넉넉함 이런 거를 배워 가고요.

오늘 아침에는 이 책에 나오는 할머니보다 허리가 더 휜 할머니 두 분이 뒷짐을 지고 도란도란 얘기하며 걸어가는데, 그 모습을 사진으로 찍어서 그림으로 그리고 싶었어요. 꽃을 한참 들여다보며 예쁘다고 하시더라고요. 두 분이 지나가고 영산홍을 가만히 들여다봤어요. 할머니들 눈에 무척 예쁜 이 꽃을 나는 왜 예쁘다고 생각 못 했을까? 살아갈수록 자연에 더 경이를 느끼는 건가, 생각했어요. 책에서도 할머니가 자연하고 똑같이 살잖아요. 근데 아이가 어느 틈에 할머니가 했던 거 그대로 다 배워서 몸으로 이렇게 실천하고요. 사과 떨어진 거 후 불어서 놓고, 비 오고 지렁이 나오니까 지렁이 잡으러 가고.

영주 그러게요, 할머니 모습 그대로네요. 아빠는 날마다 할머니한테 아이를 데려다주잖아요. 까닭이 있겠다는 생각이 들어요. 할머니는 아이를 바라보고, 아이가 토마토를 기르는 모습, 지렁이를 잡는 모습을 아주 활짝 웃으며 바라봐요. 할머니가 고운 건, 애가 오든 말든 제 할 일 하는데 춤을 추듯 해요. 흥얼흥얼 노래도 부르고요. 아이에게 할머니는 늘 즐거운 분이에요. 리듬이 느껴져요. 그런 모습이 너무 예쁘고 아이는 그런 할머니를 더 보고 싶었던 것 같아요. 두고두고 할머니를 떠올리며 지렁이를 잡고 씨앗을 심고 그랬을 테죠?

택주 이 책을 거닐며 가장 깊이 남는 것은 할머니가 무릎 꿇고 앉아서 풀 하나하나에 지렁이를 놓아주는 모습이었어요. 무릎을 꿇는다는 것은 나를 오롯이 바치겠다는 가장 거룩한 몸짓이잖아요. 그런데 그렇게 놓아준단 말이에요. 이 지렁이가 흙에다가 물길도 내고 숨길도 터 주고, 게다가 지렁이가 먹고 싼 똥이 흙을 살리잖아요. 분변토가 되어 다시 돌아오는 것을 무릎 꿇는 모습에 넌지시 담아내지 않았나 하는 생각이 들어요.

승희 숭고해 보이지 않아요?

영주 할머니는 자연이며 뿌리 같아요. 자연은 거듭 되풀이하며 이어지잖아요. 할머니 일상도 거듭 되풀이돼요. 표지 사진도 돌고 도는 것 같고요. 둘이면서 둘이 아닌 느낌? 그래서 할머니가 성자처럼 다가와요. 말없이 그냥 몸으로.

승희 할머니 삶이 그대로 아이에게 내려오니까 자연처럼 순환하는 거겠죠. 우리 아이들을 공동육아에서 키웠는데, 어린이집 졸업하고 공동육아 방과후를 보냈어요. 그런데 어느 날 아이들이 지렁이 일곱 마리를 데려온 거예요. 잘 키웠는데 주말에 다 죽어버렸어요. 그러자 아이들이 지렁이 장례식을 치르더군요. 부고장을 돌리고, 흰옷이나 검정 옷을 입고 학교에 다니고, 육개장 끓여 달래서 먹고……. 꼬박 일주일 동안요.

해진 지렁이 칠일장이네요, 하하.

승희 우리 아이가 3학년이어서 방과후에서도 가장 높은 학년이었거든요. 그즈음 할아버지가 돌아가셔서 장례를 치른 지 얼마 안 되었을 때였어요. 장례식 내내 굉장히 유심히 보고 이것저것 묻더니만 지렁이 장례식 때 그대로 하는 거예요. 부모들도 아이들 데리러 방과후 가서는 그냥 못 지나쳤어요. 아이들이 종이접기 해 둔 국화꽃을 놓고 절하고. 그러고 마지막 상 나가는 날 걔네 가 지렁이 영정 사진 들고 뒤로 쭉 서 가지고 아파트 한 바퀴 돌 고 가장 좋은 땅에 묻어 주고 그러고 끝났다니까요.

영주 이 이야기를 들으니 《세상에서 가장 아름다운 장례식》이라는 그림책이 떠올라요.

승희 할아버지 돌아가셨을 때 묻더라고요. "엄마 저 뒤에 정말 할아 버지가 누워 있어? 그럼 할아버지 무덤은 어디로 가는 거야?" 그러더니 그대로 그 장례를 치른 거죠. 이 책 보면서 그 생각이 났어요. 지렁이 일곱 마리 장례식.

영주 아이들도 그렇게 할아버지를 애도했네요. 그 마음과 배움이 지 렁이 장례식으로 퍼져 나갔나 봐요.

승희 그게 아이들에게 놀이였을지 모르지만, 그 놀이가 사실 공부라 고 생각하거든요. 모든 공부는 놀이여야 하고, 사는 것도 놀이 였으면 좋겠고요. 놀이 속에서 내 곁에 왔던 생명이 떠난 것이 지만 생명에 대한 예의를 다했다, 그런 생각이 들었어요.

영주 이 책을 읽으면서 뿌린 대로 거두리라고 생각했어요. 그러니 어 른들이 더 잘 살아야겠다고요.

승희 도서관에 유난히 언어가 발달한 애가 있었어요. 할머니 손에 커 서 그런지 그 아이가 하는 말은 할머니들 말이어서 도서관 식구 들이 엄청 귀여워했거든요. 근데 아이가 시간이 지나면 지날수 록 문해력, 이해력, 이런 거에서 압도적으로 앞서가요. 상황을 이해하는 능력, 다른 사람을 포용하는 능력, 그다음에 특히 아는 낱말 가짓수는 주변 아이들이 따라오지를 못해요. 이래서 다양한 세대가 어울려 살아야 한다고 생각했어요.

택주 낱말을 잘 아는 할머니여서 그럴 수도 있겠으나, 할머니가 품지 않은 다른 아이들은 거듭 이야기를 나눌 일이 없잖아요. 어린이집은 여럿을 돌봐야 하니까 한 아이하고만 말을 맞춰 줄 수 없어요. 그러나 할머니가 품은 아이는 할머니가 살아오면서 겪은 얘기를 거듭 나눌 수 있어요. 할머니와 이런저런 이야기를 주고받으며, 말뜻을 삭일 겨를이 넉넉해서 그러지 않았을까요?

해진 대화 속에서 굳이 낱말 뜻을 알려 주지 않아도 느낌으로 알아가는 거죠.

영주 이 장면도 재미있었어요. 바바의 오두막에는 텃밭에서 기른 것들이 가득해요. 우리는 욕실은 욕실답고, 발코니는 발코니답고 샤워기는 어때야 한다는 편견을 가지고 있는데 이걸 깨잖아요. 욕실에는 피클 단지, 샤워기에는 마늘, 신발장 위에는 비트, 발코니에는 토마토, 흔들의자에는 당근, 침대 발치에는 사과, 이런 장면 묘사도 참 재밌고 좋았어요.

승희 '할머니'의 뜻이 커다란 엄마이죠. '할'이 크다는 뜻이니까.

해진 친할머니가 아직 살아 계시거든요. 친할머니가 치매 초기셨을 때, 우리 집에 석 달 와 계셨거든요. 할머니가 저만 보면 아주 좋아하셨어요. 우리 아이들도 좋아하고. 남편이 퇴근하면 또 좋아하시는 거예요. 근데 엄마한테는 저기 밥 주는 아줌마는 누구냐고 물어서 엄마가 좀 서운해 하셨어요.

지금은 요양원에 가 계신데, 아버지한테 전화가 오면 '헉 할머니 돌아가셨나?' 하는 생각부터 들어요.

선화 외할머니네 커다란 감나무 밑 평상에서, 마루에서, 안방에서 할머니가 퍼 준 고봉밥을 깨끗이 비워 냈던 기억이 떠올라서 따숩게 읽었어요. '우리 아가 많이 먹어라' 하며 끊임없이 먹거리를 꺼내 주신 할머니 덕분에 부풀어 오른 배를 부비며 결국에는 눕게 되는 일이 다반사였어요. 등은 뜨끈뜨끈하고 배는 부르고 도톰한 누비이불을 목까지 덮으면 잠이 안 오고는 못 배겼던 시절, 그립네요. 외할머니 생각을 하니 책 속 아이가 저 같았어요. 가끔 할머니표 호박죽이 먹고 싶어요. 생고구마 말랭이랑 강낭콩이 듬뿍 들어간 할머니표 호박죽은 정말 맛있었어요.

시골에서 부지런한 사람들은 마당 텃밭도 알차잖아요. 무질서한 듯 보이지만 자세히 들여다보면 모두 외할머니 계획대로, 손길 따라 자랐어요. 텃밭 가장자리에 꽃이 없으면 심심하죠. 채송화랑 접시꽃이 가장 많았던 것 같아요.

책에서 좋았던 부분은 부엌에서 요리로 예술을 펼치던 할머니 몸짓이었어요. 한 손에는 비트를 들고, 한쪽 다리로는 찬장을 열고, 팔꿈치로는 냉장고 문을 닫는 몸짓이 할머니의 전성기 같았어요. 우리 할머니에게도 기운 가득한 시절이 있었는데. 더 좋았던 부분은 얼굴이 온통 지렁이 밭이 된 할머니의 웃는 얼굴이었어요. 이목구비도 흐릿하게 그리던 작가가 드디어 할머니 얼굴을 공개하는구나. 할머니가 놓아준 지렁이들이 할머니 삶을 멋지게 완성해 주었구나 하는 생각도 들었어요.

텃밭과 할머니

해진

두 아이가 네 살, 다섯 살 때 텃밭을 처음 시작했습니다. 집 둘레에 주말 농장이 있기도 했고, 아이들을 봐주느라 낯선 도시로 이사 온 뒤 심심해하던 엄마도 소일거리를 원하셨거든요.

엄마는 아이들에게 신선한 채소를 먹이고 싶어서 비료도 농약도 주지 않고 채소를 키웠습니다. 그랬더니 비가 오면 텃밭은 지렁이투성이고, 집으로 가지고 오는 배추에는 애벌레가 있기도 했습니다. 엄마가 아이들하고 텃밭에서 생활하는 모습은 제게 엄마의 또 다른 모습이었습니다. 제가 어렸을 때 엄마는 항상 바쁘고 여유가 없었고, 제 공부에 너무나 관심이 많은 분이었습니다. 그런데 손주들이어서 일까요. 아이들에게 한없이 너그럽고 생명을 소중히 다루는 엄마 모습은 참으로 낯설지만 평온해 보였습니다.

《할머니의 뜰에서》속 할머니는 콧노래를 부르며 손주 줄 아침을 준비하고 음식을 흘려도 온화한 눈빛으로 볼을 살짝 꼬집을 뿐입니다. 지렁이 구하는 일을 즐거이 손주와 나눕니다. 아이는 바바의 행동을 천천히 이해해 갑니다. 작은 생명도 귀하게, 흙을 살리고 밭의 순환을 돕는 일을 하는 까닭을 스스로 알아 갑니다.

우리 텃밭은 워낙 지렁이가 많아 비가 오는 날 지렁이를 주우러 갈 일은 없습니다. 그런데 비가 오면 아스팔트가 많아 지렁이가 길에 올라올 수 없습니다. 지렁이가 그나마 살 것 같은 땅에는 농약을 너무 뿌려 지렁이가 살 수 없습니다. 간혹 농약을 치지 않는 곳에는 비닐 멀칭을 해서 여름에 땅의 온도가 너무 올라가 지렁이가 살지 못하는 환경이 됩니다. 한 생명이 살지 못하는 곳은 다른 여러 생명도 살기 어려운 곳입니다.

바바의 행동은 작은 생명조차 귀하게 여겨, 아이가 둘레를 잘 돌보는 아이로 자라기를 바라는 마음이 담겨 있습니다.

부모는
아이의 눈

《우리 아빠는 흰지팡이 수호천사》

곤살로 모우레 글
마리아 히론 그림
라미파 옮김
한울림스페셜
2021

승희 이 책으로 장애 이야기보다는 양육자이면서 보호자, 세상의 한 축인 남성이 어떤 역할을 해야 하는지를 좀 더 이야기하고 싶거든요. 엄마에 대한 이야기는 어디 가서 수업을 해도 글을 쓰든 발표든 0.5초도 안 걸려서 금세 나와요. 그런데 아빠에 관한 얘기는 그다지 쉽게 나오지 않아요. 그림책을 찾아봐도, 으르렁 아빠, 무심한 아빠, 육아나 관계로부터 벗어난 아빠이고, 주로 아이들에게 소외감을 주는 존재로 비추고요. 저는 육아나 사회 속에서 아빠들, 즉 남자들이 스스로 가져야 할 역할, 이걸 제대로 빨리 찾고 회복했으면 좋겠어요.

책 제목이 《우리 아빠는 흰지팡이 수호천사》잖아요. 아이들과 '우리 아빠는 ○○다' 이렇게 한 줄만 써서 발표해 보자고 했어요. 그러니까 편안하게 이야기해요. 초등학교 3학년 아이는 "우리 아빠는 까칠이. 수염만 까칠한 줄 알았더니 마음도 까칠해" 이렇게 말했고요, 중학생 아이는 "우리 아빠는 우리 집에서만 편안하게 숨을 쉬어"라고 하더니 아빠가 집에 와서 회사 사람들 흉보고, 스트레스 받는 얘기를 하는데, 아빠가 왜 우리한테 짜증을 내는지, 왜 가족에게 독재를 하는지 이해해 봐야겠다고 하더라고요.

택주 서너 살쯤 되었으려나, 아버지는 겨울이면 큰 잠바를 입고 다녔어요. 아버지 마중 나간 내가 추위하면, 아버지는 나를 안아 잠바 안으로 넣고 고개만 내밀도록 하고는 지퍼를 올려요. 캥거루처럼 안겨 집으로 돌아가던 기억이 나요.

어느 날엔 창경궁에 밤 벚꽃 놀이를 갔는데 조그마할 때니까 앞에 가는 사람들 엉덩이밖에 보이지 않아 답답했어요. 어떻게 알았는지 아버지가 목마를 태워 주었어요.

아버지가 술을 마시고 늦는 날이면 엄마는 우리를 먼저 재워요. 그러면 아버지가 들어와서 흔들어 깨워요. 언니와 동생들은 깨어 있더라도 자는 척해요. 나는 졸린 눈을 비비며 벌떡 일어나요. 무릎 꿇고 앉아 있으면 몇 시간을 한 얘기 또 하고 한 얘기 또 하는데, 쓸데없는 얘기는 하나도 없어요. 뭐를 잘하라든가 이럴 때 이렇게 살아야 한다는 따위들이에요.

그 가운데 "율곡 이이가 따르는 사람들한테 '생강은 모든 음식에 들어가서 맛을 돋워 주지만 제 향기는 잃지 않는다. 그러니 생강 같은 사람이 되어라' 했단다. 너도 생강 같은 사람이 되어야 한다" 이 말씀은 두고두고 잊히지 않아요. 이 책에서 앞을 보지 못하는 아버지가 제 눈이 안 보이는 데도 앞에 나서서 가는 길에 무엇이 있었는지 잊지 않고 있다가 일러 주는 모습에 우리 아버지가 겹쳤어요.

승희 사람들하고 읽으면서 생각이 정리되더라고요. 본다는 것, 그래 나는 봤는데, 정말 저걸 아는 걸까? 이 아빠는 보지 않고도 알고 있는데 제대로 보고 알아야 하겠구나. 안 다음에는 또 뭘 해야 하지? 그다음에는 살아야 하겠구나. 산다는 건 관계 맺는 거다……. 그런 이야기들을 주절주절 혼자 되새겼죠.

아빠가 아이를 '길잡이별'이라고 하는데, 마지막에 아이 데려다주고 돌아갈 때 둘레에 아무것도 없어요. 모두 텅 비어 있거든요. 아빠가 아이를 만나야지만 세상 모든 것들이 동물이나 식물로 바뀌어요. 그래서 아빠한테는 아이가 있어야 세상하고 관계가 새롭게 이어지는구나 싶으니까 아이에게 아빠가 흰지팡이기도 하지만 아빠에게도 아이가 흰지팡이구나, 이게 가슴에 쿵 하고 닿았어요.

택주 아이한테는 아빠가, 아빠한테는 아이가 살아야 하는 까닭일 테지요. 서로 버팀목이 되어 주는 사이, 서로 잇는 사이예요.

영주 아빠랑 아이랑 어우렁더우렁 학교 가는 길은 숲이에요. 온갖 동물들이 있고 새들은 노래하고요. 그런데 혼자 집으로 갈 때는 아무것도 없어요. 둘이 어울릴 때라야 꿈을 꿀 수 있는 아이는 아빠를 보면 일어나는 짠한 마음을 드러내지 않아요, 아빠도 아이와 있을 때는 "이건 어때? 저건 어때?" 물으며 품은 것을 아이한테 하나하나 꺼내어 일러 줘요. '저 사람은 슬픈가 보다'란 아빠 말에는 슬픔이 배어나요. 어째서 슬프다고 느끼겠어요? 속에 슬픔이 많으니까 슬픈 걸 보면 공명하는 게 아닐까요?

아무리 힘들고 슬프고 갑갑해도, 아이한테 흰지팡이가 되어 주고 싶어하는 아빠 마음이 헤아려져요. 아빠한테는 무서움을 많이 타는 아이가 길잡이별이 되잖아요. 서로서로 받쳐 주고 북돋워 주어야만 살아갈 수 있다며 흔드는 이 책, 여러 생각 거리를 던져 주네요.

택주 '아이'라는 말을 좀 곱씹어 봐야 해요. 아이라는 말을 맞서는 말이 뭐겠어요? 어버이예요. 고려 속요 '어머니를 그리는 노래'에 '어이'라는 말이 나와요. 읊어 볼게요.

　　호미도 날이 있지마는
　　낫처럼 들 리도 없습니다.
　　아버님도 어이시지마는
　　위 덩더둥셩
　　어머님같이 사랑할 이 없어라.
　　아스시오 님아,
　　어머님같이 사랑할 이 없어라.

아버지도 어이, 어버이지만 어머니 사랑만은 못하다는 노래예요. 이 노래에서 '아이'에 맞서는 말이 '어이'였기에 '어이'없다는 말이 나왔을 것이라고 어림할 수 있어요. 고조선 때는 아침을 '아사'라고 했어요. '아사달' 아시죠? 아사달은 '아침 땅'이라는 말이고, 아이는 앞으로 올 이를 가리키는 말이에요. 어이는 길잡이로 '앞으로 오는 이가 걸어갈 길을 열어 주는 이'라는 말이니 모든 어버이는 '흰지팡이 수호천사'인 거죠.

영주 "아빠는 나의 흰지팡이야. 나의 수호천사야" 이렇게 말했을 때 아빠도 해야 할 몫이 있잖아요. 아빠가 지켜 줘야 할 아이는 아빠가 살아가는 힘인 것 같아요. 아빠가 아이한테 "너는 아빠의 길잡이별이야" 하고 말했을 때 아이는 또 얼마나 뿌듯해해요. 서로서로 이름 불러 주면서, 아빠는 아이에게 아이는 아빠한테 살 힘을 불어넣는 것 같아요.

택주 아까 영주 선생님이 '그 아빠가 슬프다'고 한 말씀에 덧붙이고 싶은 말이 있어요. 시각장애인 부부 사이에서 태어난 여성이 있어요. 이 여성이 어버이 얘기를 책으로 펴냈어요. 시각장애인 부부가 밭일해서 번 돈으로 아이들을 가르치며 키워요. 앞을 보지 못하는 이 부부는 일하는 모습이 다른 사람들 눈에 띄지 않도록 한밤중에 밭을 가꿔요. 또 앞은 보이지 않지만 다른 감각으로 꿋꿋하게 살아 내더라고요. 힘들어할 때도 적지 않았겠으나, 그분들은 그분들대로 그 세계 속에서 잘 누리고 살 수 있다는 것도 놓치지 않았으면 좋겠어요. 그런 분들과 만날 때 안타까워하는 마음 못지않게 아무렇지도 않게 마주해야겠다는 생각도 들었다고요.

영주 예, 속단하는 건 위험할 수 있겠어요.

풍요 속의 빈곤, 지금 우리를 생각했어요. 너무 많은 것을 보고, 너무 넘쳐서 정말 귀한 것을 보고 있지 못하잖아요. 배우고 싶은 게 있어요. 아빠가 가진 그 멋진 생각 바탕에서 아이가 상상의 나래를 펼 수 있다는 거요. 부모는 이렇게 큰 것을 줄 수도 있고 거꾸로 아이를 아프게 할 수도 있겠구나, 하는 생각이 들었어요.

해진 앞에 차가 여러 대 나오잖아요. 다 같은 차 소리 같은데 이 장면에서는 차마다 소리가 다 다르잖아요. 어떻게 보면 우리가 감각이 굉장히 떨어지는 거죠.

승희 이 책을 엄마 아빠들하고 같이 읽었어요. 엄마들은 '앞이 안 보여서 애잔해서 어떻게 해.'라고 해요. 그런데 아빠들은 다르게 읽었더라고요. 제가 이 책을 선택했던 이유하고 비슷했어요.

아빠들에게 이 책은 장애에 관한 책이 아니고 자동차에 관한 책이더군요. 길에 나서면 아빠가 소리로 차 이름을 맞추잖아요. 차 나오는 장면에서는 '역시 세단이야!' 하면서 아빠들이 빵 터져요. 아빠들한테는 자동차 '재규어'가 곧 동물 재규어이고, '레옹'은 동물의 왕 사자이고, '비틀'은 빨간 등 점박이 '딱정벌레'인 거예요. 아빠들은 엔진 소리만 들어도 로망이 있다고 하더군요. 저는 이런 시각이 필요했어요. 아빠가 딸아이하고 학교 가는 길에 "저 자동차 내가 꿈꾸는 자동차야. 저 엔진 소리는 기름지지" 뭐 이런 얘기. 그러니까 아빠들이 읽을 때는 이렇게 다른 시각이 있어서, 그날 엄마 아빠들이 모두 서로를 신기해했거든요. 우리는 말했죠. '섞여야 한다. 이거 우리 엄마들끼리만 읽었으면 내내 슬픔에 겨워서 끝났을 건데 섞여서 얘기를 나누니까, 훨씬 다양한 관점에서 보게 되고 서로 더 알게 되는 거'라고요. 그래서 그날 되게 좋았어요.

영주 아빠 마음하고 엄마 마음은 좀 다른 것 같아요. 엄마는 아이를 건강하게 먹여 살려야 한다는 마음이 앞서는데, 아빠들은 우리 애가 세상과 더불어서 잘 살아갔으면 하는 마음이 더 큰가 봐요.

제가 아빠한테 속은 게 있더라고요. 지난번에 가훈 얘기를 한번 했는데요, 동생 집에 가서 동생이랑 얘기해 봤더니, 우리 집 가훈은 그게 아니라는 거예요. 다른 얘기를 해요. 그때 알았어요. 아빠가 저한테는 그 말이 필요하다고 생각해서 그렇게 말씀하고, 동생한테는 이게 필요할 것 같으니 이렇게 말씀하셨던 거예요. 그래서 우리는 저마다 다른 가훈을 가슴에 품고 살았던 거죠.

선화 저는 되게 단순하게 읽었나 봐요. 학교 가는 길이 배경인데 아빠랑 딸이 장애가 있긴 하지만 일상을 다룬 책이라고 생각했어요. 이 책에 나온 차를 보며 '나중에 어떤 차를 사 보지?' 하는 생각도 하면서 봤거든요. 그림 작가가 그림을 재치 있게 잘 살렸다고 생각하면서 봤어요. 그런 말 있잖아요, 아무리 힘들어도 믿을 사람 한둘만 있으면 산다고요. 책 속 아빠랑 딸 보면서 그런 생각을 했어요. 그리고 우리는 장애가 있으면 비장애인보다 힘든 상황일 거라고 지레짐작하지만 모든 부분에서 그렇지는 않잖아요. 아빠와 딸이 보는 것에 불편함이 있어서 학교에 오가는 길을 훨씬 특별하게 누리잖아요.

해진 한의원에 오는 환자 중에 사선으로 봐야만 보이는 아이가 있었는데요, 처음 왔을 때부터 아무렇지도 않게 대했어요. 그랬더니 엄마가 놀랐나 봐요. 자기 아이가 "왜 그렇게 쳐다봐요"라든가 하는 얘기를 항상 들었다고 하더라고요.

선천적으로 장애를 갖고 태어난 사람들은 스스로 불행하다고 생각하는 사람이 거의 없어요. 근데 남들 말이 그냥 불편할 뿐이고 그런 거죠. 근데 후천적으로 장애가 생긴 분들은 그걸 극복하고 뭔가를 해내는 사람도 있지만, 불행에 빠져 남 탓으로 돌리는 사람도 있죠. 후천적으로 장애를 입은 사람이 피해의식에서 벗어나는 방법은 본인이 장애가 없었을 때 장애인을 대하던 자기 시각 같은 걸로 극복 여부가 판단이 된다고 생각하거든요. 살면서 장애가 있는 사람을 많이 만나 봤으면 본인의 장애도 받아들여지지 않을까요. 근데 요즘은 자꾸 분리 교육을 시키니까 좀 안타까워요.

승희 이 책을 읽은 어떤 분이 '우리 아빠는 피해자' 이렇게 썼어요. 얘기를 들어 보니까 가족을 위해서 아빠는 피해만 보고 살았다고 피해자라고 썼더라고요. 희생이라는 말도 있는데 왜 피해자라 썼냐고 물었더니, 어릴 때는 몰랐는데 자기가 부모가 되고 나니까 이제 알겠다는 거예요. 부모가 되어 보니까, '그게 쉬운 일이 아니었구나. 근데 우리 아빠가 그렇게 했구나'라며 떠올랐다고 하더라고요.

해진 책 제목 같아요. '부모는 즐거운 피해자' 왜냐면 즐거운 마음으로 하잖아요.

승희 도서관에 장애가 있는 친구들이 오거든요. 모둠으로 같이 활동을 해요. 저는 그걸 보면서 어렸을 때부터 같이 지내는 게 굉장히 중요하다는 생각이 들었어요. 그 애만 다르게 여기지 않고 특별히 보호해야 하거나 이런 거 없이 그냥 자연스럽게 지내더라고요. 공동육아에서도 그렇게 하거든요. 그러니 보호해 준다는 명목으로 따로 학교를 만들어서 특별히 보호하는 게 아니라 사회 전체가 같이 끌어안아서 같이 가야 한다는 생각이에요.

선화 예전에 도서관에서 책을 읽어 주는 자원봉사자와 장애인을 연결해 주는 일을 했는데, 한 시각장애인 청년이 있었어요. 직장에 다니는 남성분과 연결해 드렸는데 두 분이 너무 잘 맞아서 형, 동생 하면서 지내더라고요. 주말마다 만나서 책을 읽더니 가족 여행까지 함께 가고요. 이 청년이 평일에는 저랑 만나 책을 읽으면서 도서관을 처음 경험한 거예요. 그러더니 대구 쪽에 있는 대학 문헌정보학과를 간다고 해서 축하 인사도 했는데 지금은 연락이 끊겼어요. 잘 지내는지 궁금해요.

승희 아까 왜 지팡이가 흰색이냐고 물었던 것처럼, 저는 색에도 분명히 에너지가 있다고 봐요. 어떤 도서관에 갔더니 장애인 열람실 점자책들이 모두 검정색 표지더라고요. 이건 아닌 것 같아 건의를 했어요. 원래 책하고 똑같은 표지여야 한다고 말이죠. 그리고 이 책 속 파란 원숭이가 뭐냐고 묻는 분들이 많아요. 모든 장면에 다 등장하는데 아빠 혼자 집에 갈 때만 등장하지 않아요. 도대체 이 파란 원숭이가 무슨 의미일까요?

영주 아빠가 보낸 수호천사 아니었을까요? 아빠가 없을 때도 아이를 지켜 주라고요. 아빠 마음일 것 같다는 생각도 드는데요, 아이 옆에 같이 가는 게 왠지.

택주 전에 '마음으로 보는 전시회'라고 시각장애인 조각 작품만으로 구성된 전시회를 갔어요. 표 파는 이가 "오른쪽으로 더듬으면서 가세요" 하는데 건성으로 들었어요. 문이 아니라 커튼을 들추고 들어가 보니 캄캄하니 아무것도 보이지 않았어요. 그제야 그이가 했던 말이 떠올라 벽을 짚으면서 더듬으니까, 조각상이 만져져요. 머리만 있는 조각인데 귀도 만져지고 코도 만져지고 입도 눈도 만져지는데, 어떤 모습인지 그려지지 않았어요. 다 더듬고 나와서 벽에 붙은 사진을 보고 나서야 '아, 이런 모습이었구나' 알 수 있었어요. 그때 못 본다는 게 뭔지 알았어요. 이어 전시회를 본 사람들이 느낀 것을 조그만 종이에 적어 빼곡하니 걸어 놓았더라고요. 어떤 엄마가 나눈 글 앞에서 발이 떨어지지 않았어요.

"저는 시각장애가 있는 아이 엄마입니다. 저는 제 아이를 아주 잘 안다고 생각했는데, 오늘에서야 제가 아이를 헤아리지 못하고 있다는 걸 알았어요. 저는 제 아픔과 힘든 것만 알았지, 아이가 겪는 어둠은 모르고 있었어요. 눈을 뜨고 아이 모습만을 살피려고 했지, 아이와 함께 어둠 속에 있던 적이 없었어요."

아이가 안쓰럽고 안타까워 애면글면했을 엄마도 아이 처지를 헤아리기가 이토록 어려운데. 어찌 남을 헤아릴 수 있겠어요. 똑같이 눈을 뜨고 있다고 해도 우리가 보거나 느끼는 바가 같을 수 없어요. 그런데 우리는 남이 나하고 똑같이 보고 느낄 것이라고 여겨요. 내 눈에 보이는 데 빠져서 달리 볼 수도 있다는 것을 놓친 거예요. 이참에 똑같은 것을 보고 똑같은 소리를 듣는 것 같아도 다 다르게 보이고 들릴 수 있다는 것을 마음에 새겼으면 좋겠어요.

본다는 것, 안다는 것, 산다는 것

승희

　나도 내가 그럴 줄 몰랐다. 땅을 치며 통곡했다. 모두 내가 까무라치거나 어찌 될까 봐 걱정했다. 아빠가 돌아가시고 화장터에서 아빠 몸이 불구덩이로 들어가는 걸 본 순간 내게 일어난 일이다. 아빠 몸이 재가 되어 나올 때까지 나는 그렇게 온몸으로 울었다. 그리고 몇 달 후 공황장애를 앓았다. 나는 끈 떨어진 연이 된 것 같았다.
　《우리 아빠는 흰지팡이 수호천사》를 읽자 그때가 떠올랐다. 연이 되어 바람을 타고 맘껏 하늘에서 놀 수 있게 해 준 사람, 나의 아빠. 책 속 아빠는 앞을 볼 수 없다. 딸인 나는 앞을 조금 볼 수 있다. 하지만 나는 아빠를 통해 세상을 배운다. 아빠는 보이지 않는 세상과 소통하려고 얼마나 많은 감각들을 열어 두었을까? 얼마나 정성 기울여 타인을 만나고 사물을 대했을까? 생각이 여기에 다다르자 나를 돌아보았다. 보이면서, 볼 수 있으면서, 나는 얼마만큼 세상과 소통하기 위해 진심으로 애썼는가……. 부끄러웠다.
　내친김에 팔 걷어붙이고 생각을 시작했다. '보인다는 것, 본다는 것. 보았다는 것, 그것이 곧 아는 것일까?' 노랗게 핀 민들레를 보았다고 민들레를 아는 것일까? 뿌연 모래바람을 맞았다고 바람을 아는 것일까? 혼자 사는 엄마를, 날마다 만나는 내 아이를 나는 알고 있기는 한 것일까? 섣불리 자신할 수 없었다. 살면 살수록 내가 많이 모른다는 걸 알게 되니 더 그렇다. 그래서 작심삼일이 될지도 모르지만 다짐을 해 본다. 보았다면 알기 위해 진심으로 공부하고 더 정성을 기울여야겠다고 말이다. 그리고 함부로 안다고 말하면 안 된다는 다짐도 해 본다. 이 다짐이 사흘짜리가 될까 봐 걱정이지만.

본다는 것, 그래서 안다는 것, 이걸 거치고 나면 그다음은 뭐지? 내 고민의 끝은 '산다는 것'이다. 산다는 걸 한 낱말로 정의하긴 어렵지만 나는 관계 맺는 일이라고 하고 싶다. 혼자서는 살 수 없는 세상, 다른 사람에게 기대고 다른 사람이 내게 기대는 것, 그렇게 끈이 되고 연을 맺으며 존재의 의미를 만드는 일, 그게 사는 것 아닐까? 책 속 아빠와 딸은 서로에게 '길잡이별'이 되고 '흰지팡이'가 된다.

나는 부러움을 안고 그 둘처럼 되기 위해 새로운 도전을 시작해 보려 한다. 출근길 만나는 벚나무에게 말 걸기, 가출한 청소년 얘기 듣기, 폐 될까 걱정하며 몸 사리는 어르신들 마음 내려놓게 내가 먼저 마음 내려놓기, 거친 손 잡기, 울음소리에 귀 기울이기, 힘들다고 손 내밀기, 등허리 때 밀어 달라고 때수건 건네기, 아플 땐 울기, 감동한 것에 표현하기. 아, 할 일이 진짜 많다! 어려운 것도 있는데 다 할 수 있으려나? 에라 모르겠다, 힘들면 제치더라도 시작해 보자. 무겁지 않게 경쾌하게! 나는 살고 있으니까!

목숨은
다 귀하다

《생명을 먹어요》

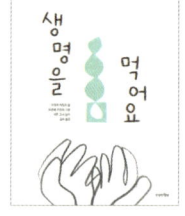

우치다 미치코 글
모로에 가즈미 그림
사토 고시 감수
김숙 옮김
만만한책방
2022

택주 우리가 늘 놓치는 것이 바로 목숨을 먹는다는 거예요. 그냥 밥이려니 고기려니 하고 먹지, 어느 목숨을 거두어 그 주검을 먹는다는 생각은 하지 않아요. 더구나 요즘 도시 사람들은 평생 닭 한 마리 잡아 보지 않고 살다가 죽어요.

저는 서울에 살았지만 어린 시절 집에서 닭이나 토끼를 길렀어요. 손님이 오면 아버지가 잡아서 드렸어요. 따뜻한 달걀을 바로 먹기도 하고요. 그래서 짐승을 먹으면서 이따금 목숨을 거두어 먹는다고 생각했어요. 그런데 풀이나 채소도 다 목숨이잖아요. 환갑을 넘기면서 '이 목숨 하나 이어 가려고 얼마나 많은 목숨을 거두었을까?' 하는 생각을 가끔 해요. 일흔도 훌쩍 넘은 나 같은 늙은이가 거둬 먹은 주검을 쌓아 놓는다면 얼마나 높을까요? 이따금 '내가 먹은 목숨 값을 몇 퍼센트나 갚고 죽을 수 있을까?' 하는 생각이 떠오를 때마다 소스라쳐요.

해진 어릴 때 집에서 키우던 강아지가 있었어요. 저희가 이사를 하면서 마당이 없어져서 할머니 댁에 데려다 놨어요. 그랬는데 한 달쯤 있다가 할머니가 강아지를 없앴다고 그러는 거예요. 할머니는 원래 고기를 안 드셔서 할머니가 드시지는 않았을 거라고 생각을 했는데 할머니가 파신 거예요. 근데 할머니한테 그러지 말고 그냥 키우지, 그랬더니 할머니가 할아버지 살아 계셨으면 할아버지가 먹었을 건데 그러셨어요. 근데 그때도 집에서 키우던 개는 안 먹었다고, 먹을 때쯤 되면 서로 맞바꿨다고 하던 얘기가 아직까지 기억에 남아요.

택주 오래전 신문에서 봤는데 어떤 목사가 딸이 닭고기가 먹고 싶다고 조르니까 네가 닭 모가지를 비틀어 잡을 테냐고 되물었다고 하더라고요. 끔찍하게 들리지만 모진 짓 하지 않고선 다른 목숨을 거두어 먹을 수 없다고 알려 주려고 그랬을 거예요.

우스갯소리지만 요즘 아이들은 닭을 그리라고 하면 토막 난 치킨이나 마트 식료품 냉장실이나 냉동실에 누운 비닐 팩에 담긴 닭고기를 그린다고 해요. 살아 움직이는 닭이나 돼지, 소를 만난 적이 없는 도시 아이들을 어떻게 받아들여야 할까요? 음식점 대부분이 소나 돼지고기를 파는 가게 또는 닭집이잖아요.

한강이 쓴 소설 《채식주의자》에서는 고기를 먹지 않겠다는 딸을 꾸짖다 못해 입을 벌리고 억지로 고기를 처넣잖아요. 우리가 먹는 고기 대부분은 거의 옴짝달싹도 하지 못하게 가둬 기른 닭이나 돼지, 소를 잡은 것이에요. 이 짐승들에게 치민 부아가 다 어디로 가겠어요? 요즘 사람들이 걸핏하면 성을 내고 싸우려고 하는 까닭 가운데 부아를 삭이지 못하고 죽어 간 주검을 먹은 게 크다고 봐요. 되도록 고기를 덜 먹고, 비싸더라도 너른 곳에 풀어 기른 소나 돼지나 닭고기를 조금만 먹으면 좋겠어요.

해진 '인도적 도축'인가? 외국에서는 고기 잡을 때 어떻게 죽였느냐에 따라 스티커 붙이는 게 따로 있거든요. 우리나라도 그게 있긴 있대요. 근데 그걸 알고 찾아서 먹는 사람은 소수고요, 외국에서는 의무라고 들었어요.

선화 아이들 질문 가운데 최고로 무서운 질문이 "엄마 오늘 저녁 뭐야?"예요. 채소만 있으면 밥상에 고기가 있어야지, 사람은 고기를 먹어야지, 그래요. 그래서 어제도 감자탕을 끓여 줬더니 환호를 해요. 아이들 어릴 때는 저도 유기농 매장을 이용했는데 점점 먹성이 좋아지니까 감당이 안 되어서 대형 마트로 옮겨 갔어요. 끼니마다 고기가 있어야 밥을 제대로 먹은 것처럼 흡족해해요. 나는 마음이 점점 불편해지는데 이 괴리감을 어떻게 해결할 수 있을까, 고민하면서 읽었어요.

해진 아이들하고 같이 황윤 감독이 만든 다큐멘터리 〈잡식 가족의 딜레마〉를 봤어요. 거기에 돈순이라고 까만 돼지가 나오거든요. 아이들이 영화 보고 나오면서 이제 돼지고기 못 먹을 것 같다고 하더라고요. 하루 딱 참고 그다음날 "역시 고기는 돼지고기야" 이러긴 했지만.(웃음) 근데 그날 영화 끝나고 《아무튼 비건》을 쓴 김한민 작가가 오셨어요. 김한민 작가가 그러더라고요. "여러분이 이 영화를 본다고 채식할 거라는 기대는 안 한다. 대신 채식주의자한테 손가락질만 하지 말라 달라" 그분 강의에서 그 대목이 가장 좋았어요. 자기는 절대 강요 안 한다고요. 아이들한테는 그게 교훈이었던 거예요. 그래서 아이들이랑 "고기는 먹되 채식주의자를 비난하지 말자" 이런 결론을 내렸어요.

제가 채식을 세 번 시도했는데 세 번 다 포기했거든요. 근데 할머니는 가난해서 그랬는지, 할머니 말로는 알러지 때문에 안 먹는다고 하긴 했는데 고기를 안 드셨어요. 그런데 너무 기력 없을 때 엄마가 몰래 죽에 소고기로 국물 내서 죽 드렸는데 다 드시더라고요. 그냥 모르신 채로 드신 거예요.

승희 육식을 안 해도 신체 기능에 문제는 없어요?

해진 의학적으로 봤을 때 사람은 잡식 동물이에요. 잡식 동물은 단백질이 필요하죠. 근데 그 단백질이 식물성으로 합성을 하려면 많이 먹어야 하죠, 오래 걸리고. 그러니까 콩이나 두유를 먹어서 흡수할 수 있지만 굳이 육식을 끊을 필요는 없다고 보거든요.

택주 채식을 해야 좋다는 미국 의사가 쓴 책을 봤어요. 이분은 고기를 먹지 않아도 좋다, 채소를 먹으면 삭이는 시간은 오래 걸린다지만, 그렇더라도 단백질이 모자라서 어려움을 겪을 일은 없고 힘이 떨어지는 일도 없다고 하더라고요. 저는 채식한 지 오래되었어요. 건강검진을 하면 피가 맑다면서 일흔이 넘었지만 50대 피를 가지고 있다고 했어요. 고기를 먹지 않는다고 몸에 힘이 떨어지는 것 같지는 않아요.

해진 육식 반대하는 퍼포먼스로 어떤 여성이 온몸에 피를 뒤집어쓰고 누워서 비닐팩 입고 있었잖아요. 그게 되게 충격적이었거든요. 그렇다고 안 먹는 건 아닌데. 근데 가판대에 놓여 있는 소고기를 볼 때마다 그 생각이 드는 거예요. '아, 구워져 있는 것만 보고 싶다' 이렇게 자꾸 외면하고.

영주 정육점 벽에 푸른 초원을 거니는 소 사진이 떡하니 붙어 있잖아요. 그걸 볼 때마다 가책을 느껴요. 어차피 고기 팔 거면서 왜 저걸 저기다 붙여 놔서 마음을 이렇게 불편하게 하는지. 이 책 읽기 전에는 그렇게 생각했는데 읽고 나서는 생각이 바뀌었어요. 그렇게라도 붙여 놔야 '고맙습니다. 미안합니다' 하고 먹겠구나. 그 사진이라도 없으면 더 고기로만 생각했을 텐데.

선화 《돼지를 키운 채식주의자》라는 책을 읽었는데요. 한 청년이 홍성 한우 목장에서 직접 돼지를 키운 다음 잡아먹는 과정을 쓴 책이에요. 홍성이 전국에서 돼지가 가장 많이 사는 동네라고 해요. 봄을 알리는 징표가 꽃이 아니고 파리래요. 냄새 때문에 빨래도 편히 널지 못하고요.

근처 농업학교에서 돼지가 새끼 열 마리를 낳았는데, 세 마리를 입양해서 동네 청년들하고 키우기 시작해요. 돼지우리 만드는 것부터 온갖 좌충우돌을 겪는데 말 그대로 '웃퍼요.'

돼지가 엄청 똑똑하고 깔끔한 동물이더라고요. 그러다가 내가 먹는 목숨 값을 알아야겠다고 키우던 돼지를 죽이고 깨끗이 정리해서 다 먹기까지 과정을 그리거든요. 숙연해졌어요.

책에 보면 보이지 않아서, 내 손으로 죽이지 않아서 마음 편히 육식을 즐길 수 있다고 하거든요. 이걸 보면서 저도 시골에서 자라서 늘 가까이에서 먹이 주고 기르던 가축을 먹었는데 요즘은 그 과정이 생략돼 버린 채로 바로 고기가 식탁에 오르잖아요. 고기도 한때 숨 쉬는 생명이었다는 것을 잊지 않았으면 좋겠어요.

해진 채식주의자들 가운데서도 탄소 배출에 막대한 영향을 끼치는 사람들 많아요. 특히 지구 반대편에서 수입해 오는 식품을 소비하는 거요. 그래서 지구 전체를 놓고 봤을 때는 채식을 한다고 지구에 도움이 되는 건 아니죠. 어느 게 좋다 나쁘다를 떠나서 고기를 먹어도 의식적으로 생각하고 행동해야겠어요.

승희 조금 다른 관점인데, 이건 소 돼지 얘기가 아니라 생명이 있는 모든 것에 관한 이야기 같아요. 단지 소를 잡는 사람이 이 책에 등장한 거죠. 그런데 우리가 소만 먹고 사나요? 쌀도 먹고 과일도 먹고 다 먹잖아요. 저는 우리가 먹고사는 일에서 내 먹을거리가 되어 주는 것에게 고마워한다거나, 고마움도 좀 지나친 것 같고, 자연스럽게 받아들였으면 해요. 아프리카에서 사자가 영양을 잡아먹고 영양에게 "고마워. 네가 있어서 내가 지금 먹었어" 이러지 않잖아요. 그냥 자연이라는 커다란 생태계는 약한 쪽이 먹히기 마련이고 그게 순환이잖아요.

《고마워 죽어 줘서》라는 그림책이 있거든요. 이 그림책을 가지고 수업을 해 보면, 사람들이 죄다 고기만 얘기를 하는데 이 책은 완두콩부터 시작해서 당근까지 모든 것들에게 죽어 줬다고 고마워 해요. 식탁에서 음식을 먹은 아이가 방긋 웃으면서 얘기하거든요. 그러니까 너무 미안해하는 것도 무리라는 생각이 들어요. 살다가 죽으면 흙에 묻힐 거고, 흙은 또 지렁이 밥이 될 거고 뭐 이런 식으로 순환이라고 생각해야 하는 거 아닌가, 인간은 인식할 줄 알아서 뭐가 다른가, 소가 생각하는지 풀이 생각하는지 우리가 정말 알 수 있을까, 우리 모두 다 별거 아니 잖아, 먹고 먹히는 일에 대해서 너무 지나치게 의미를 부여하지 말자고 생각했어요.

어제는 황윤 감독이 만든 〈수라〉라는 영화를 봤거든요. 군산에 비행장이 들어서면서 수라 갯벌이 없어질 위기에 처해서 찍은 다큐멘터리인데, 최초로 시민들이 돈을 모아 130개 극장에서 7시 반 동시 상영을 했대요. 갯벌이 없어지는 걸 막으려고요. 거기에 그런 얘기가 나오거든요. 보호종인 게들이 없어지고, 그 다음 도요새. 도요새는 알래스카에서 날아와 우리나라를 잠깐 거쳤다가 뉴질랜드로 간대요. 뉴질랜드 사람들은 도요새가 자기들 정신의 아이콘이라고 생각하는데, 그러다 보니 도요새를 굉장히 귀하게 여기고 자기 자신과 동일시한대요. 새만금 갯벌이 없어질 때 뉴질랜드 원주민들이 한국에 와서 인사동에서 퍼포먼스도 했다고 해요.

어제 보면서, 답을 못 내리겠는 거예요. 게가 사라져 가는 게 나하고 무슨 상관이지, 이거 보고 도서관에 가서 사람들에게 말해주고 싶은데 도요새가 사라지는 게 내 삶과 무슨 관련이 있지, 어떻게 해야 갯벌을 살리지, 나부터도 답을 못 찾겠네. 새만금 살리기 운동하는 분이 그렇게 얘기하시더라고요. 아름다운 걸 봤다는 죄 때문에 가슴이 미어지게 아프다고요. 근데 저는 생물 다양성이 중요하다는 거 머리로는 알겠는데 설득력 있게 누구에게 말할 답을 못 찾았어요.

해진 파주환경운동연합 의장 할 때 얘긴데요. 운정3지구에 수원청개구리랑 몇 가지 보호종들이 나타났어요. 이걸 어떻게 할까, 날마다 회의를 했거든요. 근데 "그놈의 청개구리가 뭐라고" 이 말을 많이 들었어요. 그런 말을 들었을 때 "그렇네요, 개구리를 옮기려면 돈이 많이 들 테니 그럼 그냥 밀어 버릴까요?" 이렇게 말해 버리면 안 되잖아요. 그러려면 내가 논리를 가져야겠다, 그게 아까 말씀하신 보호종과 종 다양성을 지켜야 한다, 이런 이야기들을 했는데, 관심 없는 사람들 마음에 다가가기는 쉽지 않았어요. 그래도 일부 개체를 절대 농지 쪽으로 옮겨 줬어요. 유기농으로 농사짓는 사람들은 청개구리를 되게 환영했거든요.

승희 우리 집 아이가 해군으로 복무를 하고 있어서 진해에 갔다가 뒷고기라는 걸 처음 먹어 봤어요. 김천에 돼지를 엄청 많이 잡는 도축장이 있대요. 그래서 뒷고기는 김천이 유명한데 진해는 김천하고 가까워서 뒷고기가 많이 온대요. 뒷고기가 뭐냐면 등심 안심 이런 부분 제외하고 코나 턱 아래 살, 그런 것들이래요.

군인 한 명하고 아줌마하고 단둘이 앉아 먹으니까 서비스라며 고기를 자꾸 더 주시더라고요. 생각 없이 먹다가 문득 궁금해서 어느 부위인지 물어보았더니 '혀'라는 거예요. 그 순간 원효대사가 떠올랐어요. 이제까지 맛있게 먹었는데, 그게 '혀'라는 말을 듣고 나니 맛이 달라지는 거예요. "아! 나 너무 알량하다. 뒷고기가 어느 부위냐고 묻지도 말아라. 그냥 다 고기인 거야" 이러면서 먹었어요.

해진 엄마가 텃밭을 하는데 당신이 기른 거는 어떻게 하든 다 먹고 싶어하는 욕망이 있어요. 그래서 콩을 다 털었는데도 혹시라도 안 떨어졌을까 봐 콩깍지를 모아 놨다가 겨울에 그걸 계속 털어요. 정말 요만큼 나오거든요. 근데도 그렇게 해야 성에 차는 거예요. 지금 채소가 한창 많이 나오잖아요. 이걸 어떻게 다 먹지 싶은데 엄마를 보면 맨날 밥을 안 드시고 소쿠리에 채소를 이만큼 쌓아서 드세요. "엄마, 그게 오늘 분량이야?" 하면 너희도 좀 먹으래요. 근데 먹을 수 있는 양을 능가하거든요. 그래서 얼마 전에 믹서기를 하나 사 드렸어요. 갈아서 먹자고요. 그러니 엄마가 완전 신이 난 거죠. 이제 엄마는 즙만 먹는 게 아니라 줄기까지 다 드셔야 또 좋은 거예요.

이것이 책이 말하고자 하는 것 같아요. 생산 과정도 생각하고, 죽음에 대한 것도 생각하면 먹는 걸 좀 조심스럽게 먹고 귀하게 여기게끔 해 줄 것 같아요.

이 밥이 어디서 왔는고?

택주

"이 밥이 어디서 왔는고? 내가 지은 너그러움으로는 받기가 부끄럽네. 아등바등 더 누리려는 마음을 내려놓고, 몸을 지켜 사람다워지려고 이 밥을 받습니다."

밥 먹을 때마다 불자들이 읊는 말씀을 우리말로 풀었어요. 밥상 앞에서 이들이 밥이기에 앞서 무엇이었는지를 새기며 남 목숨을 거둔 값을 하고 사는지 짚어 보도록 하는 말씀입니다.

우리 먹을거리는 다 숨이 붙어 있던 것들이에요. 제가 이제까지 먹어 온 주검들을 쌓는다면 얼마나 높을까요? 뭇 목숨을 끊고 이어 가는 이 목숨, 잘 살아왔으려나요?

《생명을 먹어요》는 우리가 생목숨을 거두고 그 주검을 먹는다고 흔듭니다. 소를 잡아야 목숨을 이어 갈 수 있는 사카모토. 같이 살던 소가 도축장에 끌려오는 모습을 눈물겹게 바라볼 수밖에 없는 여자아이. 기르던 소를 잡아 고기로 팔아야 명절을 쇨 수 있는 할아버지. 이 까닭을 안 사카모토는 차마 그 소를 죽이지 못하겠다고 고개를 저어요. 소에게도 이름이 있어요. '미야'예요. 사카모토 아들 시노부는 아무에게나 맡기면 미야가 더 괴로울 것이라면서 아무래도 아빠가 하는 게 낫지 않겠냐고 합니다. 그렇게 미야는 고기가 되고 할아버지는 그 고기를 조금 가져다가 손녀에게 먹이려고 해요. "미야 덕분에 우리가 살아갈 수 있게 되었어. 미야에게 고맙다고 하고 먹자꾸나. 우리가 먹지 않으면 죽은 미야에게 미안하잖아"라고 타이르면서요. 같이 살던 미야 고기를 어떻게 먹겠느냐고 울면서 도리질하던 손녀는 할아버지 말씀을 따라 "미야, 고마워. 잘 먹을게. 맛있다, 참 맛있다" 하면서 먹어요.

 이 책을 연주하다가 물음표가 생겼어요. 소에게도 '미야'라고 부르고 소를 잡는 이와 아들을 사카모토와 시노부라고 부르면서 정작 미야를 기른 할아버지와 손녀는 이름이 나오지 않더군요. 어, 왜 그렇지? 곱씹어보니 소를 치는 이들을 다 아우르려던 게 아니었을까 싶어요.

 이 책은 우리가 날마다 생각 없이 먹는 밥들이 밥이기에 앞서 더없이 아까운 목숨이고, 누군가에게는 사랑하는 식구였다는 것을 일러줘요. 이토록 무엇과도 바꿀 수 없는 아까운 목숨을 거둬 먹으면서 어떤 마음을 가져야 하는지 생각거리를 던지는 이 책은, 마흔 번째 꼬마평화도서관 관장인 도예가 이금영 님이 꼽은 평화 책입니다.

그 계절에만
만날 수 있는 것

《여름에 만나요》

파니 드레예 글 그림
이재현 옮김
위고
2022

해진 어렸을 때 절에서 하는 여름 캠프를 여러 번 갔어요. 여름 캠프 하면 대부분 교회를 떠올리더라고요.

제 남동생은 완전 '누나 보이'거든요. 초등학교 다닐 때도 자기 준비물을 제 교실 와서 찾아갈 정도였어요. 동생하고 두 살 터울인데 동생이 조금 늦되기도 했고 좀 이해할 수 없는 행동을 많이 해서 '애가 좀 이상한가? 아 얘는 항상 돌봐야겠구나' 이렇게 생각할 정도였어요.

캠프 마지막 밤에 캠프파이어를 하는데 동생이 춤을 추는 거예요. 깜짝 놀랐어요. 내가 생각하던 동생이 아닌 거예요. 그리고 캠프니까 남자아이들끼리 다툼도 뭔가 있었겠죠? 거기서도 지지 않는 거예요. '어 깡이 좀 있네?' 생각했는데 이거 읽으면서 그때 생각을 했어요. 그리고 다음해에 또 가 보면 지난해에는 좀 찌질했던 남자아이가 부쩍 키도 크고 멋있어져서 와요. 전부 다 눈이 동그래져서 '와 쟤가!' 하며 놀라고요. 이런저런 추억을 새록새록 돋게 한 책이었습니다.

영주 동생을 다시 보게 한 시간이었겠네요. 저마다 타고난 재주가 다른데 요즘은 한쪽으로만 몰아대니 안타까워요. 무엇보다 책 제목이 맘에 들어요. 계절을 알면 건강하다잖아요. 그 계절에만 만날 수 있는 것들이 무수히 많고요. 그런데 그것도 느끼지 못하고 그냥 사는 거예요. 사실은 사는 게 아닌 것처럼. 여기에서 보니까 방울 가지고도 만들 거리가 정말 많더라고요.

승희 철을 잘 누리고 살면 철드는 거겠죠. 산에는 아직 눈도 있는데, 아이들이 긴바지도 입고 반바지도 입은 모습이 진짜 건강하게 아이들을 키운다, 정말 자연에서 키우는구나 싶었어요.

영주 우리 엄마들이었다면 날씨 추우니까 옷 잘 챙겨 입으라고 했을 것 같은데 여기서는 아이들이 자유롭게 입을 수 있도록 존중해 주네요.

택주 이쪽 지방이 빛깔이 말갛게 나오나 봐요. 반 고흐가 프랑스 북쪽에 살다가 남쪽에 있는 아를로 이사 가서 말간 노랑과 밝은 쪽빛을 썼잖아요. 같은 노랑을 우리나라에서 봤을 때하고 프랑스 남부에 있는 아를에 가서 봤을 때 확 다르대요. 햇빛에 따라 빛깔이 달라 보인다는 말이에요.

　　여름이 무얼까요? 열매가 열려 무르익는다는 말이에요 '열음'이 '여름'이에요. 《여름에 만나요》에서 캠프에 온 아이들이 바로 짐 풀면서 바지도 거꾸로 뒤집어쓰며 뛰어놀잖아요. 이렇게 동아리 지어 어울리면서 살며 놀며 누리며 자라요. 이 모습을 보면서 사람도 어른, 아이 할 것 없이 거듭 여름을 나면서 열매 못지않게 무르익어 가는구나 싶었어요.

　루이지가 비스킷을 나눠 줄 때 나무도 나비도 크게 그렸어요. 나눠 주면서 사람이 마음이 확 풀려서 날아가는 느낌이었을까요? 밑에 "작은 슬픔들은 날아가 버렸다" 하고 풀었어요. 작가가 그 느낌을 하나하나 살아 움직이게 드러냈다고 생각했어요. 이걸 보면서 평화는 어울 살림이라는 뜻을 더 굳혔어요. 밥도 같이 먹고 여러 가지를 어울려 누리면서 '우리'를 되새길 수 있어서 좋아요.

선화 구성도 재미난 것 같아요. 처음에는 아이들 하나하나를 보여 주다가 중반부터는 다 함께 어울리는 활동에 집중하잖아요. 이렇게 풀어쓰는 방식도 독특하고 재미있네요.

　저는 어릴 때 이런 캠프는 한 번도 안 가 봤고, 중고등학교 때 간 수학여행이 다였어요. 수학여행 가면 보통 하는 일탈들을 우리도 했는데 떨리면서도 짜릿했어요.

영주 딸들이랑 프랑스로 여행을 갔는데 건물들이 옛날 그대로 있다 보니까 시간 여행을 하는 것 같더라고요. 거기다 생긴 모습이 우리하고 다르잖아요. 아주 낯선 곳에 있으니 어느 커다란 영화 세트장에 어쩌다가 똑 떨어져서 들어와 있는 느낌이 들었어요. 낯선 느낌, 그것도 참 재미있어요.

택주 여행은 찌든 나날살이에서 풀려나는 거잖아요. 여름도 뭇 생명

체들이 다 풀려나는 철이고요. 사람 얼굴을 또렷하게 드러내지 않았는데도 낯빛 하나하나 다 살아 있는 것 같아요.

영주 여긴 내가 내가 아니게 되는 순간을 또 경험할 수 있을 것 같아요. 저마다 제 반을 꾸미잖아요. 최대한 그거라고 생각하게, 닮게 꾸미는 모습에서 내가 다른 무엇이 돼 보는 경험들, 신선할 것 같아요. 모두가 다 예술가가 되는 시간이잖아요. 누구나 예술가가 될 수 있게끔 허락하는 시간, 신나요.

승희 가장 압권인 놀이는 춤이죠. 저는 워낙 노는 걸 좋아하고 춤추는 걸 좋아하는데 춤추면서 카타르시스를 느끼기도 해요.

동네 엄마들이랑 홍콩에 놀러 간 적이 있어요. 홍콩에는 춤추는 거리가 따로 있더군요. 우리 일행이 그 거리에 도착했을 땐 이미 한바탕 췄는지 조용했어요. 그런데 어떤 흑인이 저쪽에서 혼자 춤을 추는데 음표가 엉덩이 위에서 뛰어노는 거예요. 제 머릿속에 퍼뜩 스친 생각은, '저 사람 혼자 추게 둘 수 없어'였어요. 그래서 같이 추기 시작했는데 이내 그 거리가 다시 춤 바다가 된 거예요. 그걸 본 엄마들이 저보고 동네만 들썩이는 게 아니라 이제 홍콩까지 와서 홍콩 거리를 들썩인다고 우스갯소리를 하더군요. 아무튼 저는 춤출 때 행복해요.

이 책 읽고 느낀 거는 세 가지였어요. 사투리는 서로 다르잖아요. 근데 이렇게 마구 섞이면 오히려 더 평화롭지 않을까, 그래서 더 섞였으면 좋겠다 이런 생각이 들었죠.

우리 집 아이가 군대에 가서 해 준 이야기인데요. 경남 진해 현지 군인들은 외지에서 온 동기들에게 이 말을 해보라고 한다네요. '블루베리 스무디' 이 일곱 글자를 말할 때 그 억양이 자기들과 달라서 재밌어 하고 신기해 한다고요. 군대 간 지 6개월인데 이제는 거기 억양을 조금 따라 하더라고요. 그걸 보니 이십대 때 캠프는 어쩌면 군대 아닐까 싶었어요. 군대 갈 청년들은 몹시 싫겠지만 그럴 수도 있겠다 싶었어요.

그리고 또 하나는 아까 택주 선생님께서 '평화는 어울려 산다'라고 하시니, 떠오른 게 있어요. 다윈의 진화론이 새롭게 조명되고 있는데, 적자생존에 강한 유전자가 살아남는 게 아니라, 다정한 유전자가 살아남는다잖아요. 그러니까 어울려 산다는 건 다정한 유전자의 힘이겠구나, 이런 캠프는 다정한 유전자들을 더 키워내는 그런 시간 아닐까 했어요. 그리고 마지막에 루소가 말한 교육의 완성, 곧 마지막 교육의 완성은 여행이라고 하잖아요. 무언가를 알고 있다는 것의 마무리는 이렇게 집을 떠나서 다른 세계에서 관계를 맺는 거죠. 자연과 맺든 사람과 맺든 뭐 그런 거 아닐까 하는 생각이 들더라고요.

해진 규칙도 아이들끼리 정하고 그렇죠. 그리고 우리나라도 그렇잖아요. 맨 마지막 날은 무조건 볶음밥이죠. 여기는 뭐였을까요?

승희 그게 뭐였든 다 맛있었을 것 같아요.

영주 아이들은 어떻게든 애쓰고 있네요. 다 잃어버리잖아요. 그러니까 처음부터 양말을 안 갈아 신어요. 잃어버리지 않을 수 있는 멋진 방법이지요. 기특하더라고요. 많이 더러웠다고는 하지만 나름 애쓰고 있구나, 힘을 다하고 있구나 싶었어요.

승희 '노력하고 있구나'가 어떻게 드러나냐면, 우리 도서관에서 여름과 겨울이 오면 동네 아이들 모아 자매결연 맺은 강원도의 평화도서관으로 캠프를 갔거든요. 가서는 잘 놀아 놓고 돌아와서 엄마를 보면 아이들이 울어요. 그때 느끼죠. '아! 네가 거기서 우리하고는 잘 놀았는데 엄마가 그리웠던 것도 견디고 또 이것저것 힘든 무언가를 스스로 견딘 게 있었구나'라고요.

해진 외로움을 견뎠어요. 저는 이 장면 보고 빵 터졌는데, 어렸을 때 장농 안에 올라가서 이렇게 뛰어내리는 거 집에서 엄청 했어요. 집에 놀 만한 게 없으니까 제가 하면 동생도 따라 했거든요. 이모 집에는 딸만 셋인데 큰이모가 하루는 우리 집에 놀러온 거예요. 우리가 그렇게 막 놀고 있는데, 이모가 엄마한테, "너네 집 애들 이렇게 별나니"라고 할 수도 없잖아요. 그래서 "너네 집 가구 참 튼튼하다"고. (웃음)

승희 아우, 여행 가고 싶다.

선화 저도요. 근데 예전에는 여름이 짧게 극적으로 지나갔는데 요즘은 너무 길고 습하니까 진짜 여름 나기가 너무 힘들어요.

승희 저는 여름을 좋아해서 여름이 아무리 무덥고 습기가 많아도, 여름이 겨울보다 좋아요. 여름에는 뜨거우면 땀을 내면서 일을 막 해요. 땀 실컷 흘리고 시원하게 씻고, 그게 저를 살아 있게 해요. 그래서 도서관에서도 누가 오기 전에는 에어컨 안 틀어요. 물론 전기세도 아끼지만, 아이들한테도 여름은 여름다워야 한다고 장난을 치기도 하는데, 아무튼 저는 여름을 좋아해요.

해진 한여름은 환자들 온도 격차가 크고, 실내 온도 조절이 가장 힘든 시기예요. 남자분들은 들어오면 찬물부터 벌컥 마시며 여기 덥다 하고, 할머니들은 에어컨 무서워서 꽁꽁 싸매고 들어와서도 침 맞고 있는 도중에 담요 덮어 달라고 그러고요. 그래서 할머니들 오시면 에어컨에서 거리가 가장 먼 자리로 안내해요.

선화 맞아요. 여름이면 사람들이 아무 때나 사무실로 찾아와요. 덥다는 사람, 춥다는 사람이 번갈아서 와요. 덥다고 해서 온도를 내리면 춥다고 해서 다시 올리고요. 여름만 되면 도서관 직원들이 '인간 리모컨'이 돼요.

택주 "더울 때는 더위가 되어라" 하는 말이 있어요. 몹시 더워서 못 견디겠을 때 '견디기가 어렵구나. 그래도 이 더위에 곡식이 익는다. 내가 좋아하는 복숭아가 무르익네. 배도 익을 테지? 감도 무르익네' 하고 생각하면 견딜 만해요. 아울러 '곡식만 익겠어? 사람도 익어가겠지' 하고 생각을 가다듬으면 마음이 놓이면서 더위도 참을 만해요.

영주 요즘 저녁 바람이 좋아요. 저녁에 공원 한 바퀴 돌면 송골송골 땀이 솟아요. 그러고 집에 와서 씻으면 참 좋더라고요. 요새 밤바람이 진짜 좋아요.

승희 선생님, 저는 그게 슬퍼요. 밤바람이 달라진 차이를 느끼겠거든요. 밤에 산책하는데, '왜 바람이 차지? 이러면 이제 진짜 한 해가 넘어가는데' 하는 아쉬움. '여름이 또 가네, 한 해가 가네, 서운해 서운해'라고 속말을 하죠.

선화 연주 덕분에 같은 책을 또 사게 되는 것 같아요. 이사하면서 책을 다 정리해 버렸거든요. 이 책을 다시 샀어요.

해진 딸이 저한테 그랬어요. 왜 갑자기 그림책을 읽고 그래.(웃음)

여름이 우리를 키웠다

해진

초등학생 때 절에서 하는 여름 캠프를 여러 번 갔습니다. 집을 떠나 다른 곳에서 자고 온다는 설레임으로 캠프에 갈 날을 손꼽아 기다렸지만, 동생은 가고 싶어하지 않았습니다. 캠프에서 동생과 저는 다른 모둠이 되었고, 저는 동생을 챙기지 않아도 되어서 뭘 해도 즐거운 캠프였습니다. 낯선 친구들에 대한 호기심은 시간이 흐르는 것을 잊을 정도였습니다.

전국에서 오는 새로운 친구들은 모두 다른 말투입니다. 손등과 손바닥으로 편을 나누는 방법도 모두 표현 방식이 달랐습니다. 동생과 같이 캠프에 참여했다는 것을 잊어버릴 만큼 집에 영원히 돌아가지 않을 것같이 저는 흥분했습니다.

캠프에 오기 싫어했던 동생은 시간이 지날수록 달라졌습니다. 첫날만 해도 가방에서 칫솔을 찾지 못해 저한테 달려왔던 동생은 점차 찾아오는 횟수가 줄었습니다. 마지막 날 캠프파이어를 하며 노래 부르고 춤을 추었습니다. 거기서 달라진 동생을 보았습니다. 더 이상 어리지 않은 소년을 보았습니다.

《여름에 만나요》에는 여름 캠프가 처음이어서 걱정이 많은 일곱 살 루이즈, 활달하고 씩씩한 여덟 살 잔, 덤벙대다 물건을 잃어버리지만 무엇이든 잘 만드는 여덟 살 마르코, 그리고 열한 살 알리와 니 나가 나옵니다. 여름 캠프에 참가한 다섯 아이를 통해 두려움, 새로움, 그리움, 외로움을 이야기합니다. 다섯 아이에게 저와 동생의 어릴 적 모습이 조금씩 보이더군요. 어릴 적 겪었던 일들이 떠올랐고 그 여름이 나와 동생을 키웠을지도 모른다는 생각까지 했습니다.

우리가
함께 살아가려면?

《펭귄의 집이 반으로 줄었어요》

채인선 김진만 지음
위즈덤하우스
2021

승희 〈해피 피트〉라고 펭귄 얘기를 애니메이션으로 만든 미국 영화가 생각났어요. 이 책을 보니까 역시 펭귄은 득도했을 것 같아요. 왜냐하면 같은 풍경을 1년 365일 계속 바라보고 생각만 할 거 아니에요. 추위도 견디고, 알이 부화할 때까지 움직이지도 않고. 알이 부화할 때 동그랗게 모여 있다가 바깥이 추우면 안에 있는 펭귄이랑 자리를 바꾸고.

영주 유일하게 끝까지 남은 게 황제펭귄이에요. 너무 많이 죽었어요. 펭귄들이 자기 날갯짓을 할 수 있을 때까지 빙하가 지켜 줘야 하는데. 여기서도 사람이 문제에요. 다른 종은 아무도 안 그러는데 왜 사람은 이렇게 만들어 놨을까요?

해진 빙하가 녹으면 펭귄만 못 사는 게 아니고 기후 자체가 다 흔들려 버리니까요.

영주 올해 이상기후 때문에 무섭지 않으셨어요? 저는 무서웠어요. 어쨌든 50년 넘게 이런 세상에서 살아왔는데 우리 아이들에게는 어떻게 살아가라고 해야 하지, 이런 두려움들이 생기더라고요. 아침에 일어나서 명상하면서 마음을 편안하게 해도 뉴스 들으면 머리 아프고.

택주 황제펭귄은 제가 먹은 먹이를 다 토해 내서 식구들을 먹여요. 몸무게가 40킬로에서 20킬로로 줄면서도 말이지요. 또 밖에서 추위에 떨며 방패막이 되어 주던 펭귄들을 안으로 들여보내고 안에 있던 이들이 제 발로 걸어 나와서 추위를 막아서잖아요. 여기에 담긴 뜻을 제대로 배우지 않고서는 기후 재앙을 멈추거나 늦출 수 없을 것 같아요.

저는 2012년에 차를 없앴어요. 없앤 까닭은 크게 두 가지예요. 지구를 덜 더럽히겠다는 것과, 버스나 열차를 타고 웬만한 데는 걸어 다녀야 다리가 그나마 덜 약해지겠구나 하는 마음이었어요. 조금 덜 쓰고 덜 누리고 좀 덜 살겠다는 생각도 곁들였고요. 걷다 보니 얻은 게 한둘이 아니에요. 차를 몰고 다닐 때는 사람도 풍경이었는데, 걸어 다니니까 사람들이 내뿜는 입김이 다가왔어요. 정겹고 따뜻했어요. 추운 겨울 기점에서 전철을 타면 몇 분이고 문이 열려 있어서 찬바람이 몰려들어 와 열차 안이 몹시 추워요. 그럴 때 기관사가 계단 어귀에 있는 문만 열어 놓고 나머지 문들 닫더라고요. 어찌나 고마운지, 승용차를 몰고 다녔더라면 느끼지 못했을 큰마음을 받았어요.

영주 어른들이 나서서 본보기를 보여야 하는 것이 여기에 있네요. 택주 선생님이 승용차를 타지 않고 걸어 다니면 '품은 뜻이 있어서 그렇구나' 하고 받아들이는데 보통은 저 사람 너무 가난해서 차도 없나 보다고 생각하잖아요.

해진 전기 제품 살 때 등급 확인하세요? 몇 와트인지 몇 볼트인지 확인하시는 편이세요?

택주 등급은 확인하잖아요. 1등급인지 아닌지.

해진 그쵸. 근데 몇 와트에 출력이 얼마고 이런 거까지는 안 보잖아요. 근데 홍콩 사는 친구가 한국에 오면 그걸 그렇게 보는 거예요. 홍콩은 한국처럼 전기요금이 누진제인데 일정 전력까지는 아주 많이 싼가 봐요. 그러니까 그 밑으로 쓰려는 목표치가 있는 거예요. 그것보다 더 내는 걸 엄청 많이 낸다고 생각하는 거예요. 근데 우리나라도 누진세지만 더울 땐 어쩔 수 없지, 이러고 당연히 낸다고 생각하니까 소비 금액이 얼마가 되든 별로 신경을 쓰지 않아요. 그 친구 보면서 누진세율을 잘 조정해서 한계를 지어 놓는 것도 나쁘지 않겠다는 생각을 했거든요.

가구도 뜯어서 버리는 게 진짜 싸요. 그걸 비싸게 하면 처음부터 좋은 걸 사서 소중히 다루는데 요즘은 버리는 게 굉장히 싸요. 농 한 짝 버리는데 삼사천 원밖에 안 하거든요. 그러니까 버리고 새거 사지 이래요. 가격은 싼데 겉만 번지르한 가구도 많이 나오고요. 그러니까 버리는 비용을 비싸게 매겨서 튼튼하고 오래 쓸 걸 사게 만들어야 할 것 같아요.

선화 불편한 걸 당연하게 생각해야 하는데 불편한 건 정말 힘들더라고요. 우리 아파트에 음식물 쓰레기 배출 방법이 바뀐다는 공고문이 붙었는데 '불편해지면 어떡하지?' 하는 생각이 먼저 들었어요. 시간에 쫓겨 살다 보니 생활 전반에 효율성을 최우선으로 따지게 되더라고요. 결론은 쓰레기 처리 비용이 높아져서 관리비를 더 청구하겠다는 거였는데 오히려 안심이 되었어요.

승희 저는 물건들 오래 써요. 옷도 동네 사람들이 안 입는다며 주는데, 그것도 알뜰히 입고요. 한번은 도서관에 모여 앉아 우리가 물건을 얼마큼 빨리 쓰는지 얘기를 해 봤어요. 제 옷의 평균 나이는 거의 스무 살이더라고요. 근데 안 버려요. 부엌에서 쓰는 세제통도 이십몇 년이 됐어요. 망가지지 않으면 안 버리니까 그냥 그대로 쓰는 거죠. 또 물건 사고 비닐에 담아 주면, 물건 빼고 착착 접어서 생선가게 같은 곳에 갖다 줘요. 아파트가 아닌 주택에 살 때는 음식물 쓰레기를 베란다에 말려서 버렸는데 그랬더니 비둘기들이 와글와글 모여들어 너무 무서운 거예요. 그래서 그건 그만뒀죠. 지금도 도서관 식구들이 제가 잘 안 버리고 모으니까 "없을 때 버려. 물어보면 아무것도 안 버려"하며 농담할 때도 있어요.

종이 봉투는 모았다가 수선집에 가져다 주고요, 플라스틱 모종 화분도 깨끗이 씻어서 꽃집에 가져다 줘요. 더 순환할 수 있게요. 더러 사람들이 "저 오지랖을 어떡하면 좋아" 하는데, 정말 쉽게 못 버리겠어요.

우리 도서관에 '쓰레기 추격단'이라는 동아리가 있어요. 쓰레기 줍고, 모아 온 쓰레기 분리수거하고 그러거든요. 가끔씩 회의를 하는데, 쓰레기 추격단이 쓰레기 줍는 것에서 그치면 안 되고 환경을 위해 우리가 무엇을 할 것인지 얘기도 하는 거죠. 그럼 아이들이 답을 찾아내요. 기업에 비닐 라벨 없애 달라고 편지 보내기 같은 거 하자고요.

택주 승희 선생님 말처럼 고치도록 시위도 하고 거듭 나서야지요.

승희 평화, 생태 이런 분야에서 가장 힘이 센 사람들은 시민이어야 한다고 봐요. 그게 울림이 제일 오래가고 파급력도 큰 것 같아요.

택주 브리타 정수기도 쓰고 버려진 필터를 어느 나라에서나 다 걷어 가는데 우리나라만 안 걷어 갔어요. 알맹상점을 비롯해 여러 곳에서 시위를 거듭하며 거세게 흔든 끝에 이제는 브리타 정수기를 쓴 집에서 아홉 개를 모아 알리면 택배회사가 와서 걷어 가요. 플라스틱병이고 유리병이고 만들어 판 회사가 걷어 갈 수 있는 틀을 만들 때까지 거듭 나서야 해요.

해진 여러 사람들에게 이런 이야기를 하면 불편해하니까 차라리 펭귄 이야기에 집중해서 사람들을 감성적으로 움직인 것 같아요. "펭귄 불쌍해, 북극곰 안됐어" 이러면서 얘기를 하면 그래, 환경이 중요하지. 이런 마음이라도 생기는데, 이런 건 앞으로 우리가 하지 말아야 해, 하고 구체적으로 짚고 들어가면 이미 어기고 있기 때문에 불편해지고 진실을 듣고 싶지 않은 거예요.

승희 쓰레기 추격단이 또 어떤 일을 하냐면, 동네 우유갑을 모아 휴지로 바꿔 그 휴지를 도서관에서 써요. 이제는 엄마들이 도서관에 올 때마다 집에서 우유갑을 착착 접어서 가져다줘요. 그럼 쓰레기 추격단은 행정복지센터에 가서 바꾸고, 바꾸러 가서 다양한 동네 소식을 읽고 참여할 건 하고 와요. 주민투표 같은 거요. 이러면서 자연스레 사회 수업을 해요. 우리 동네에 무슨 문제가 있는지 자연스럽게 관심도 가지는 거죠. 그런데 이걸 도서관이 시작한 게 아니에요. 동네 아이들이 먼저 시작한 거예요. 아이들이 쓰레기봉투랑 집게 들고 돌아다니면서 쓰레기 줍는 놀이를 한 거죠. 도서관은 그 소식을 듣고 아이들에게 정식 동아리로 만들자고 제안한 거죠.

쓰레기 주우러 다니면 어르신들이 "너네는 어디서 왔니? 교회에서 왔니? 왜 이렇게 착한 일을 하니? 애들한테 떡볶이 사 주고 싶은데 데리고 가도 되우?"라고 묻는 분들도 생겼어요. 아이들도 그런 게 동기부여가 되어 더 열심히 하고요. 아이들 덕분에 조금씩 세상을 바꿔 나가는 거죠.

선화 최근에 케이비에스에서 도서관에 취재를 하러 왔어요. 우리 도서관이 온실가스에 취약한 건물이라고요. 오래된 건물이 도시 온실가스 배출의 주범이라고 해요. 다행히 국토교통부에서 주관하는 공공건물 그린 리모델링 사업에 선정되어 조만간 대대적인 리모델링에 들어갈 예정이에요. 앞으로는 새로 짓는 모든 건축물에 온실가스 저감에 관한 규정을 적용한다고 하니 환경에 무관심한 사람들도 체감할 수밖에 없을 것 같아요.

해진 자주 가는 도서관도 건물 한쪽이 유리인데, 몇 년 전에 텃밭 하는 분이 거기에 강낭콩을 심어서 커튼 만드는 걸 했거든요. 아이들은 식물 키워서 좋고, 안에는 그늘이 생기니까 시원하고요.

승희 아무튼 환경 문제는 달걀로 바위 치기 하는 마음이더라도 포기하지 말아야 할 것 같아요.

☕ 사람들이 지구 마을을 지킬까요?

영주

아기 펭귄이 아빠 펭귄에게 물었습니다. "사람들이 지구 마을을 지킬까요?" 빙하가 녹고 있어 위험하다는 아빠 펭귄 말에 아기 펭귄은 걱정이 됩니다. 먹이를 구하러 바다로 간 엄마를 영영 만나지 못할 수도 있으니까요. 다행히 그림책 속 엄마 펭귄은 무사히 돌아왔고, 모두 기쁨과 환호의 웃음꽃을 활짝 피웠습니다.

그러나 우리가 처한 현실은 많이 불안합니다. 올해 자주 들었던 농담이 있습니다. "그거 아세요? 올여름이 가장 시원했대요" 처음엔 무슨 말인가 했지요. 전 세계가 폭염과 홍수, 가뭄 등 이상 기후 변화 때문에 얼마나 힘들었는데. 하지만 그 말을 이해하는 데는 짧은 몇 초면 되었습니다. 그러고는 잠시 침묵이 흘렀습니다.

이미 감당하기 어려울 만큼 무너진 현실을 우리는 어떻게 해야 할까요? 폭염에서 살아남기 위해 에어컨은 더 켤 수밖에 없을 거고, 온실가스 배출은 더 심해질 거고, 기후 변화의 악순환도 더욱 심각해질 테니, 생태계에 미치는 부정적 영향 또한 더 커지겠지요. 많이 늦었지만, 더 늦기 전에 우리 모두 머리를 맞대고 더 본질적인 해결책을 찾아내야 합니다.

오늘도 비닐을 사용했고, 올여름엔 에어컨도 더 틀었으며, 자동차를 타고 여행도 다녔지만 줄여 보자고 마음을 다잡아 봅니다. 이대로 가다가는 멀지 않은 미래에 사랑스러운 이들을 다시는 볼 수 없을지도 모릅니다. 남극에서 황제펭귄이 사라지고, 북극에서 북극곰이 사라진 다음엔 그다음엔 바로 사람들 차례가 되겠지요. 그런 날이 오지 않기를 바랍니다.

 황제펭귄이 오래도록 안전하고 아름답게 잘 살아갈 수 있기를 바랍니다. 그리고 먼 훗날에 '2024년 여름은 역사상 가장 더웠던 해'였다고 웃으며 떠올리게 되기를 바랍니다.

나를
살리는 사람들

《누가 진짜 엄마야?》

버나뎃 그린 글
애나 조벨 그림
노지양 옮김
윈더박스
2021

택주 처음에는 입양아 얘기인 줄 알았어요. 입양했을 수도 있네요. 동성 부부 가운데 한 사람이 낳았을 수도 있고요. 딱딱하지 않고 편안하게 아이들 얘기를 따라가면서 구성한 게 좋았어요. 그림도 좋아서 가방에 자주 넣고 다니던 책이에요.

우리나라에서 동성혼이 받아들여지려면 아직 멀 테지요? 불교 석가모니 눈길은 넉넉해요. 비구인 줄 알았는데 비구니로 밝혀지거나 비구니인 줄 알았는데 비구로 밝혀지면 내치지 않고 모둠을 옮겨 줬어요. 2,700년 전 석가모니는 성 정체성이 바뀌는 것을 잘못이라고 여기지 않았던 거죠. 낯설다고 여겨지는 이야기들을 덮어 두거나 밀어 놓지 말고 자꾸 다뤄야 해요. 다르면서 어떻게 살아가는 것이 좋을지 뜻을 거듭 나누는 것이 평화로워지는 지름길이에요.

　《누가 진짜 엄마야?》 주인공 엘비에게는 엄마만 둘이에요. 식구가 다른 집과 다른 데도 기껍게 받아들이며 잘 누리고 놀아요. 다름을 디디고 즐겁게 살아가니 아름다워요. 이 바탕에는 엄마들이 듬뿍 주는 사랑이 한몫을 톡톡히 했겠지요? 아무리 그래도 다름을 선뜻 받아들이지 못할 수도 있어요. 더구나 동무가 끈질기게 "누가 진짜 엄마야?" 하고 묻고 또 물어요. 그래도 흔들리지 않고, 엄마는 나를 지켜 주는 사람, 또 내가 힘들어할 때는 다독여 주고, 나한테 사랑을 듬뿍 쏟아 주는 사람이라고 대꾸해요. 사랑은 서로를 받아들여 믿고 토닥이는 사이에 깃든다는 생각에서 이 책을 들고 왔어요.

해진 어떤 사람이 뭔가 마음에 응어리가 지잖아요. 상대가 그걸 풀어 주는 방법 가운데 하나가 계속 똑같은 질문을 하는 거예요. 그러면서 스스로 답을 찾게끔 하는 거죠. 최근에《가족각본》이란 책을 읽었어요. '가족이라는 책 안에서만 완벽한 삶을 산다, 우리는 가족각본에 세뇌되어 있다'는 내용이거든요. 근데 저도 세뇌되어 있더라고요.

영주 이 책 보면서 일부러 가르쳤다기보다는 자연스럽게 많은 얘기를 했을 거라는 생각이 들어요. 실제 아이를 입양해서 키우는 분을 알고 있어요. 그분은 아이가 태어나기 열 달 전에 꿈을 꾸었어요. 멀리 별이 눈에 들어와서 박혔는데 온몸이 너무너무 아팠대요. 그걸 태몽이라고 생각했대요. 그즈음 잉태된 아이가 열

달 뒤에 이분 아이가 돼요. 그 아이가 뱃속에 있을 때부터 정말 임신한 사람처럼 준비했대요.

그렇게 아이를 데려와서 아이에게 얘기를 다 했어요. 너 입양한 거고 그렇지만 낳은 엄마 못지않게 너를 사랑하고, 또 혹시나 뱃속에 있을 때 아이가 상처를 입었을까 봐 치유할 수 있는 곳을 어려서부터 데리고 다니고, 입양 가족들 모임에 데리고 가서 그들과 함께하게 했어요. 아이가 씩씩하고 예쁘게 잘 크고 있더라고요. 이렇게 맺어지는 인연도 있구나 했어요.

승희 저는 이 책을 다시 읽으면서 두어 가지를 이야기하고 싶어요. 주인공 아이가 정자를 기증받아서 태어났든, 입양되어 가족이 되었든, 가족으로 행복하게 살고 있잖아요. 가족 구성원은 이래야 하고 저래야 한다는 기준이나 편견 없이 받아들이는 연습을 해야 하는 거 아닐까 싶어요.

그런 의미에서 첫 번째로 엄마의 자격이요. 우리 내부에서 엄마의 자격을 '아이를 뱃속에 품었던 사람'이어야 한다고 선 긋는 걸 해체하고 싶거든요. 두 번째는 가족의 구성 자격이요. 왜 가족은 '엄마 아빠, 아이'여야 할까요? 할머니하고만 살아도 가족이고, 할아버지하고만 살아도 가족이고, 아빠와 할아버지랑만 살아도 가족이잖아요. 대다수가 정상이라고 여기는 가족이란 걸 누가 정한 걸까요? 그것도 해체해야 할 것 같아요. 가정은 사회의 가장 작은 공동체 단위잖아요. 둘만 살아도 연애 때와는 달리 생활 공동체로서 서로 배려해야 하고요. 거기다 아이들이 생기면 가족 구성원 사이에 예의가 더 필요하죠. 저는 그래서 가족을 사랑 너머 공동체라고 여기게 되더라고요.

가족이라는 말을 지나치게 엄숙하게 받아들이는 거에서 벗어 났으면 좋겠어요. 혼자 살아도 일인 가구라고 하잖아요. 가족이 라고 얘기하면 가족이니까요. 그런 면에서 서로를 조금 너그럽 게 봐야 하지 않을까요?

영주 세상이 엄마라는 이름에 너무 큰 짐을 또 지우고도 있다는 생각 이에요. 가끔 어린 여성이 혼자 아이를 낳아 생기는 문제를 볼 때마다 화나요. 왜 퇴원하자마자 화장실에서 아이를 죽이고, 남 몰래 죽여서 냉장고에 넣고, 야산에 갖다가 묻고……. 아이를 잘 키울 수 있는 사회가 되면 그 여성한테 모든 책임을 떠넘기 지 않아도 되잖아요. 얼마 전에도 베이비박스에 아기를 넣었더 니 버렸다고 난리, 키우자니 둘 다 죽을 것 같은데 어떡해요. 저 는 그래서 우리 사회가 엄마여야 한다, 모든 사람을 아울러 살 수 있도록 보듬는 엄마가 되어야 한다고 외치고 싶어요.

승희 '엄마'는 누구고 '진짜 엄마'는 뭘까, 저는 여기다 왜 '진짜'라 는 말을 붙였을까 생각했어요. 책의 원제가 뭐예요? Who's your real mom? 그러니까 생물학적으로 누가 널 낳았니, 이걸 묻는 거죠. 저는 그 질문을 하는 이 아이가 나쁘다고 생각하지 않아 요. 생물학적으로 아기를 낳을 수 있는 자궁이 있는 건 여자잖 아요. 그리고 그 여자를 엄마라고 불렀고. 물론 뒤에 아이를 키 우는 것처럼 여자들이 하는 일을 하찮게 보면서 문제가 됐지, 원래 고유하게 가지고 있던 역할은 다 훌륭한 거잖아요.

택주 아이 하나를 키우려면 온 마을이 있어야 한다고 하잖아요. 근데 요즘에는 마을이 흩어져 저마다 문을 걸어 닫고 살다 보니까 아 이를 돌보는 것이 오롯이 엄마 몫이에요. 아이를 어린이집이나 유치원에 맡기기도 하니까 엄마 품이 좀 덜 들어가기는 해요. 마을 어른들이 뜻 모아 서로 힘을 보태 가면서 아이를 품으면 좋을 텐데, 바꾸기가 쉽겠어요? 그래도 일손을 놓은 늙은이들이 적지 않으니 나서서 마을 아이들을 어떻게 품어야 할지 머리를 맞대면 좋겠어요.

승희 도서관에 학생들이 사회봉사 하러 오면 심리 검사도 하고 상담도 해요. 상담할 때 "네가 여기 온 걸 엄마는 아시니?"라고 묻지 않아요. "네가 여기 온 걸 식구들은 아니?" 이렇게 물어요. 저는 작게나마 의식을 바꾸어 보려고요. 변화된 의식이 퍼져 나가서 사회가 바뀌는 것이라고 생각해요. 물론 의식을 바꾸는 게 쉽지는 않지만요. 제가 말이 느린데 아마도 끊임없이 고민하고 생각하며 말하다 보니 그렇게 된 것 같아요.

택주 요즘 신문을 봐도 젊은이 얘기할 때 거의 대학생 목소리만 다뤄요. 80퍼센트가 대학을 가면 나머지 20퍼센트는 못 가거나 안 가는데 이 젊은이들 얘기는 꺼내지 않아요. 젊은이 가운데는 공장에 나가는 사람도 있고, 농사짓는 이도 있는데 다 대학생 얘기로 눙치고 말아요. 그림자처럼 여기는 거지요. 있어도 없는 듯 다뤄지는 이들이 없어져야 해요. 아무리 수가 적어도 내는 목소리를 귀담아들을 때 사회가 튼튼해지지 않겠어요?

선화 그동안 살면서 성소수자를 만나본 적이 있나 떠올려 봤더니 오래전 호주에서 만난 영어 선생님이 성소수자였어요. 우리 학원에서 제일 유쾌하고 인기 많은 선생님이었는데 그분이 성소수자래요. 그때는 '어? 왜?'라는 물음이 곧바로 나왔지만 그걸로 끝이었어요. 이해하고 판단할 이유가 없었어요. 왜냐하면 우리

나라도 아니었고, 저는 그저 여행자였으니까요.

몇 년 전에 그림책《첫사랑》을 쓴 브라네 모제티치 작가가 한국에 왔어요. 슬로베니아에서 왔는데 이 책으로 국가 지원금을 받았다고 해요. 차별과 편견에 관한 책이지만 퀴어 그림책으로도 읽혀요. 출판사 대표님이 도서관에 작가와의 만남을 제안했는데 엄두가 나질 않았어요. 대표님과 통화했을 때가 아직도 기억에 많이 남아요. 워낙에 거절을 많이 겪으셨는지 제가 어떤 말을 할지 다 알고 계셨어요. 결국엔 도서관과 공동 기획으로 진행하는 것은 어렵고 대관은 가능하지만, 안내문도 붙이면 안 되는 조건으로 작가가 다녀갔어요. 출판사 대표님은 도서관에서 퀴어 문학을 다룬다는 것 자체가 큰 반향과 상징이 될 거라고 기대하셨지만, 우리가 그 반향과 상징이 되는 것이 두려웠던 것 같아요.

승희 이 책 읽고 도서관에서 또 뭘 했냐면, '그럼 도대체 엄마는 어떤 역할을 해야 해? 엄마의 쓸모는 뭐야?'였어요. 우리는 '쓸모'에 관해 얘기 나누었어요. 보리출판사에서 펴낸 달팽이 과학 동화에《나도 쓸모가 있어》라는 책이 있어요. 그 책을 함께 읽었죠. 그리고 쓸모를 다른 말로 바꿔 보자고 했어요. 대답이 무엇이었을까요? 필요, 가치, 능력, 할 일, 재주……. '엄마의 쓸모'는 무얼까를 쓰다가 모두 울었어요. 자기가 엄마이기도 하고 자기 엄마를 생각하니까 눈물이 나는 거예요.

영주 맨날 출생률이 어쩌고저쩌고 말하잖아요. 그러면서 이렇게 내버려둬선 안 되지요. 아이를 낳은 사람한테 엄마 몫을 다하라고 을러댈 것이 아니라 우리 사회가, 나라가, 진짜 엄마가 되어 돌봐 줘야 마땅하다고 외치고 싶어요.

눈길을 바꿔 주는 《누가 진짜 엄마야?》

택주

"두 분 중에 누가 진짜 너희 엄마야?"

《누가 진짜 엄마야?》에서 엘비네 집에 놀러 온 니콜라스가 묻는 말이에요. 엘비네는 여성끼리 어울려 사는 집인가 봐요. 여러 얘기를 주고받은 끝에 엘비가 이렇게 말해요.

"내가 무섭다고 하면 날 안아 주는 사람, 나를 침대에 눕히고 재워 주는 분, 자기 전에 잘 자라고 뽀뽀해 주는 사람이 진짜 엄마야"

이 말을 들은 니콜라스가 "두 분 다 그렇게 해 주시잖아"라고 해요. 우리는 엄마라고 하면 흔히 낳아 준 사람이라고 여기지만, 두 아이가 나눈 얘기를 곱씹어 보면 엄마는 나를 보듬어 살리는 이를 가리켜요. 저는 어려서 다리 밑에서 주워 온 아이라는 소리를 듣고 자랐어요. 특히 막내 고모부가 짓궂게 놀렸는데 어머니 아버지는 아니라고 하지 않고 웃기만 하셨어요. 그 시절 어른들이 아이들을 놀리는 흔한 얘깃거리인데 외탁한 나는 엄마가 무슨 일이 있어 이모가 키운다고 여겨 서러웠어요. 그런데 "뱃속에 너를 담고 있던 사람이 진짜 엄마인 거야. 그 엄마가 누구야?" 하고 묻는 니콜라스에게 "두 분 다 우리 엄마라니까"라고 아무렇지도 않게 말하는 엘비가 놀라웠어요. 상처가 될 수도 있는 물음에 흔들리지 않고 말을 이어 가잖아요. 여느 때 엄마들과 이런 얘기를 나눠서 그랬을까, 생각하면서《나는 강물처럼 말해요》를 떠올렸어요.

　이 책에서는 말을 몹시 더듬어 동무들에게 비웃음을 사는 아이를 강가로 데리고 간 아빠가 "강물이 어떻게 흘러가는지 보이지? 너도 저 강물처럼 말한단다"라며 다독여요. 아이는 그 뒤로 물거품을 일으키고 굽이치고 소용돌이치고 부딪치면서도 당당하게 흐르는 강물을 떠올리면서 말할 수 있었대요. 내가 겪는 어려움을 어떻게 받아들여 삭이냐에 따라 걸림새가 될 수도 디딤돌이 될 수도 있다는 말씀이에요.

　책을 덮으면서 나와 생각이나 삶이 다른 이들을 내가 어떻게 받아들이는지 짚어 보지 않을 수 없었어요. 나를 살리는 이들도 짚어볼 수 있었어요. 내가 먹는 밥을 지어 준 농부들을 비롯해 입는 옷을 지어 준 이들, 다니는 길을 닦고 철로를 놓은 이들, 버스와 열차를 만드는 이들, 이걸 몰고 다니는 이들, 거리를 말끔히 치우는 이들, 꼽아 보니 온통 나를 살리는 사람들뿐이더군요. 살림살이하는 분들이니 《누가 진짜 엄마야?》 셈법으로는 다 엄마인 셈이지요.

　눈길을 바꿔 주는 《누가 진짜 엄마야?》는 어울려 사는 길을 열어 줍니다.

3부 ── 이제 전쟁을 그치자

우리가 먼저

《손을 내밀었다》

허정윤 글
조원희 그림
한솔수북
2023

해진 난민 아이들이 캠프에 오면 내내 잠만 잔대요. 어른들은 밥을 먹으려고 줄을 서기도 하고 하는데 아이들은 그냥 잔다네요. 뛰어놀 수도 없고, 아무것도 할 수 있는 게 없어서요. 근데 꿈을 꾸면 뭐든 다 할 수 있잖아요. 아무것도 안 하고 한 달 내내 잠만 자는 애도 있대요.

　　난민에 대해서 부정적으로 얘기하는 분이 있었어요. "아이들을 허용하기 시작하면 그집 부모들 다 와서 범죄 천국이 되고……" 대화를 계속하다가 그분이 내린 결론이 뭐였냐면, "아휴 내가 뭘 전 세계를 어떻게 구하자고, 우리 아이나 잘 단속해야지" 이거였어요. 근데 그분 말도 대한민국이라는 사회에서 살아가는 사람으로서 이해가 되는 거예요. 남의 집 아이한테 충고 같은 거 서로 안 하는 게 규칙이 되어 버린 것 같거든요. 우리 사회가 좀 더 확장하려면 그런 생각을 좀 깨야겠다 싶어요. 내 아이를 잘 못 키웠어도 옆집 아이 살려 줄 수 있는 거잖아요. 그 손 세계로도 내밀 수 있는 거잖아요.

택주 '난민이 들어오면 범죄율이 높아질 것'이라고 트럼프가 지난 대통령일 때 말했어요. 독일이 난민을 퍽 많이 받아들인 나라 가운데 하나예요. 그런데 독일 난민 범죄율을 독일 사람 범죄율에 견줘 보니 10분의 1에 지나지 않는다고 해요.

영주 겪어 보지도 않고 이럴 거다 저럴 거다 함부로 말하지 않았으면 좋겠어요. 사실은 아주 다를 수도 있으니까요.

그림책 면지를 열면 불빛 두 개가 있어요. 책을 읽기 전엔 별빛인가 생각했거든요. 그런데 책장을 넘겨 보면 "작은 불빛이 번진다. 전쟁이다" 그래요. 그런데 나중에 또 비슷한 불빛이 나와요. 그땐 "반딧불이야"라고 하고요.

자라 보고 놀란 가슴 솥뚜껑 보고 놀란다고, 전쟁을 겪은 사람들은 반딧불이 보고도 놀라요. 전쟁이 이렇게 무서운 트라우마를 만들어요. 그것을 어떻게 치유할 수 있을까요? 아름다운, 너무 예쁜 생명이 내는 불빛인데, 전쟁일까 봐 겁내고 두려워 떨어야 하는 그 부분이 참 마음이 아파요. 그리고 제목이 《손을 내밀었다》잖아요. 우리가 어떻게 손을 내밀면 좋을까요?

승희 일부러 책을 안 읽고 왔어요. 함께 두 번 연주하면서 이게 진정한 그림책이라는 걸 느꼈어요. 보시면 붉은색, 그다음에 어둠,

오묘한 짙은 초콜릿 빛. 아, 진짜 밤의 색깔이 이거구나 싶었어요. 그다음에는 모든 게 붉은색이에요. 심지어 그림자까지도 붉어요. 아이들이 경험하는 색은 주로 화염에 둘러싸인 현장은 아니지만 마음은 이미 화염인 거겠죠.

내내 붉은 낮이었다가 밤이 되면 짙은 밤색. 파란색은 철조망하고 군인들 실루엣, 그다음에 바다. 밤인데도 검은 하늘을 파랗게 그렸더라고요. 캄캄한 밤이 본래 갖고 있던 색깔을 다 보여 주는 시간이구나, 그 시간이 밤이구나 했어요. 그러면서 엎드려 있는 표지 속 아이의 표정이 보였어요. 잘 자고 있는 아이 같았어요. 드디어 난민이 아닌 자유로운 세상에 왔구나. 삶은 힘들겠지만, 어쨌든 억압에서 벗어난 곳에서는 모두 자기 색깔을 찾겠구나 싶더라고요.

그러면서 또 이런 생각이 드는 거예요. '손 내밀어 줄 사람이 더 많아, 우리가 가진 힘이 작아서 그렇지 손잡으면 바꿀 수 있어' 이런 결기가 생겼어요. 그리고 나니 상징적으로라도 국회의원이나 대통령 선거에 시민이 나갔으면 싶더군요. '세상을 따뜻하게 하고 싶습니다' 이 말 한마디만 들고 무소속으로요. "누구지, 저 사람?"이라는 파장만 일으켜도 된다는 생각이 들었어요. 난민이라는 말 자체가 없어지는 세상이 가장 좋지만, 그게 안 된다면 희망이라는 걸 내려 놓지 말고, '절대로 꺾이지 않아' 이런 생각을 했으면 좋겠어요. 난민도, 난민이 아닌 사람도요.

택주 승희 선생님 얘기를 듣다가 떠오른 얘기가 있어요. 우리나라 소방관 출신 초선 국회의원 한 사람이 총선에 나오지 않고 소방관으로 돌아가겠다고 외쳤잖아요. 국회의원이 되면 세상을 바꿀 수 있을 줄 알았는데 못 바꿨다고 하면서 떠났어요. 그동안 정치로 세상을 바꾸겠다고 국회에 들어갔다가 떠난 초선 의원이 적지 않았어요. 뜻 맞는 사람 수가 적어서는 세상을 바꾸기 어렵다는 것을 보여 준 거지요.

제 생각에는 아테네에서 민주주의가 처음 뿌리내릴 때처럼 국회의원을 제비뽑기하면 좋겠어요. 여성 농부, 남성 농부, 여성 노동자, 남성 노동자, 그 가운데서도 금속 노동자, 소방 노동자 다 있을 거 아니에요. 숫자에 비례해서, 나오겠다는 사람들 다 섞어 놓고 제비뽑기하는 거예요. 여성이 51퍼센트라면 여성 국회의원이 51퍼센트 태어나는 거죠. 구의원이나 시의원도 다 그렇게 뽑으면 세상을 참답게 바꿀 수 있지 않을까요?

난민을 받아들이는 것도 마찬가지예요. 우리나라 사람들은 좀처럼 난민을 받아들이려고 하지 않잖아요, 70년 전에는 우리도 온통 난민이었다는 것을 좀 되돌이켜 보면 좋겠어요. 저는 1953년 정전협정이 되고 나서 석 달 만에 태어났어요. 그때 젊은 어머니는 우리도 굶는 처지인데 밥을 하든 죽을 끓이든 끼니때마다 쌀이나 보리를 한 숟가락씩 모아 두고는 웬만큼 굶어서는 그걸 헐지 않았어요. 동냥아치들이 오면 돌려세우지를 않고, 없으면 없는 대로 보리 한 줌, 소금이라도 한 주먹 쥐어서 보내지 그냥 보내지 않았어요. 이게 남북을 가리지 않고 우리 겨레가 지닌 마음자리예요. 그때 그 마음들을 떠올리며 《손을 내밀었다》를 보면 좋겠어요.

"나 좀 살려줘!" 하고 내미는 손이 있는가 하면, 누군가를 아우르겠다고 내미는 손도 있단 말이죠. 이 두 손이 서로 만났을 때 서로 살려서 사는 살림살이를 할 수 있어요. 한 손만 허공에 대고 휘휘 휘두르다가, 맥없이 떨어지게 해서는 안 되잖아요. 그런데 우리는 잡지 않고 내버려두는 데서 나아가 내민 손을 뿌리치고 걷어차고 있어요. '마음은 무겁지만, 내가 할 수 있는 게 별로 없는데?' 하고 생각하기 쉬워요. 찬찬히 짚어 볼까요? 세상이 바뀔 때마다 한 사람이 할 수 있는 일이 많이 있어서 바뀌었을까요? 아니에요. 누가 70년 전에 잿더미가 된 나라 경제가 세계 10위권에 들 수 있을 거라고 생각이나 했겠어요. 한 사람 한 사람 마음이 이어지면 이루지 못할 것이 어디에 있겠어요.

해진 한참 난민에 관련된 책을 읽을 때 저도 정치권에서 이런 걸 좀 앞장서서 해야 하지 않나 많이 생각했는데, 배우 정우성 씨가 큰 역할을 했다고 여기거든요. 난민에 관한 책이 많이 나와도 사람들이 아예 읽으려고 생각을 안 하는데, 제도가 아무리 잘 되어 있어도 시민 의식이 먼저 달라져야 하잖아요.

승희 동네에서 제 별명이 '시냇가'예요. 어떤 사람들은 가끔씩, 긍정녀, 회의걸, 행사녀 같은 말로 놀려요. 행사는 가수 장윤정 씨만큼 뛰는데 장윤정처럼 돈은 못 버는 시냇가라고 우스갯소리도 더러 듣죠. 그런데도 저는 여전히 모든 상황에 희망적이에요. 평화든, 마을공동체든, 주민자치든, 작은도서관이든 이것들이 모여 세상을 따뜻하게 할 거라고 믿기 때문이죠. '가랑비에 옷 젖게 할 거야'라고 속으로 외치면서요.

어느 날 던진 달걀 하나로 마침내 바위가 깨지듯 어느 한순간에 이루어질 거였으면 좋은 세상 만드는 게 쉬웠게요? 그런 까닭으로 젊은 친구들한테 기대고 싶고 거기서 희망을 찾아요.

법은 최소한의 약속이면서 가장 더디게 바뀌는 제도잖아요. 맞춤법처럼요. 말을 사용하는 사람들이 그 말을 안 쓰면 맞춤법이 따라와 말의 규칙을 바꾸죠. 그러니까 우리 중에 누군가가 제도권으로 들어가는 것도 중요하지만 그것만큼 중요한 건 나와 내 이웃이 먼저 바뀌는 것 아닐까요?

영주 손을 내민다는 게 참 쉽고도 어려운 일이겠다는 걸 제목 글씨 색깔과 모양을 보면서 생각했어요. 마치 모래로 쓴 것 같아요. 흙을 잘 뿌리면 어렵지 않게 쓸 수 있죠. 모래로 쓴 글자는 물결 한번 밀려오면 싹 사라질 수도 있어서 손 내미는 일은 쉽고도 어렵다는 걸 말하는 것 같았어요.

이 철조망이 참 미워요. 저쪽 편이 다 보이잖아요. 그런데 아무것도 할 수가 없어요. 그게 고문인 것 같아요. 아이가 맨발이란 말이에요. 신발이 없어졌어요. 발이 다 찢어지고 옷들이 다 해어지고, 여린 아이들한테는 너무 큰 고통이에요.

우리 농촌이 소멸된다고 난리잖아요. 그러면서도 수도권으로만 사람들이 모인다고요. 땅덩어리가 옛날에는 좁다고 난리였는데, 요즘 시골은 텅텅 비었어요. 그런데 난민을 왜 받아들이지를 않냐고요. 조금 화가 나요. 마음 열면 되는 부분이거든요. 같이 살면 되는데, 살 곳이 있잖아요. 여기서 함께 살면 되잖아요.

승희 택주 선생님 말씀 들으니까 우리는 너무 쉽게 잊었다는 생각이 들어요. 우리는 다 '피난민'이었잖아요. 여기서 '피'라는 글자 하나 빼놓고 '난민'이라고 하면 마치 우리가 겪지 않았던 무슨 정치적인 이유로 온 사람들처럼, 혹은 너무 가난해서 먹고 살려고 온 사람들처럼, 심하게는 예비 범죄자 집단처럼 여기는 생각을 빨리 고쳐야 할 것 같아요.

　전에 외국인 노동자들에게 한글을 가르쳤어요. 근데 그때 그 사람들 다 난민이었어요. 그 땅에서 살기 어려우니까 온 거였죠. 그런데 그때는 그이들이 친구 같고 제자 같았거든요. 제가 요즘 동네에서 보는 외국인들은 거의 외국인 노동자들인데 지금은 그분들하고 관계를 맺지 않으니까, 가끔 밤에 산책하다가 만나면 무서운 거예요. 그래서 또 생각했죠. '야, 나 참 못됐다'

택주 누군지 아는 것과 모르는 것 차이. 이 책에도 이름이 나오잖아요, 하나하나. 우리가 그냥 뭉뚱그려서 난민이라고 하면 나하고 좀 멀고 무서울 수 있어요. 그런데, 승희, 영주, 해진, 선화라는 이웃이 다가와도 무서울까요?

승희 다르겠죠. "나는 너무 쉽게 잊었다" 정말 멋진 문장이에요.

택주 요즘 우리가 남북 갈등을 높이고 있잖아요. 미국과 일본과 어깨를 더 단단히 겯으니까 북한과 중국, 러시아는 마음이 쓰이지 않을 수 없어요. 저 나라들을 구석으로 밀어내려고 힘을 쓸수록 동아시아 정세는 더 조마조마해지고 말아요. 남북 싸움으로 이어지기 쉬워요. 몇십 해 동안 여기서 벗어난 적이 없는 우리나라 사람들이 난민을 나 몰라라 한다면 누가 살피겠어요.

영주 맞습니다, 우리가 살펴야지요. 표지가 앞에 있으니까 자꾸 표지가 보여요. 모든 글자가 우리 이 아이들 피부색이랑 닮았어요. 우리 한마음으로 다 같이 다정하게 손 내밀었으면 좋겠어요.

승희 그리고 군인 표정이 굉장히 모호해요. 억지로 지키고 있다는 표정 같기도 하고.

선화 내 삶을 살아 내는 것만으로도 버거워 돌아보지 못한 곳들이며 사람들이 많아요. 다행히 주변에 함께 돌아보자고 해 주는 분들이 있어 시선을 그들에게 돌릴 수 있네요. 제주도 난민 문제가 뜨거운 이슈였을 때 동네 선생님이 강의를 제안했어요. 친구가 난민활동가인데 도서관에서 사람들과 함께 난민에 관해 이야기해 보자고요. 내부에서도 의견이 분분해서 결국에는 자리를 만들지 못했어요. 그렇게 저에게 난민 문제가 다가왔지만 또 잊어버렸네요. 《손을 내밀었다》의 아이가 저에게 다시 손을 내밀어서 이번에는 제대로 알아보자, 하고 자료를 찾아보았어요.

난민은 누구일까요?

"난민은 인종, 종교, 국적, 정치적 의견, 특정 사회 집단의 구성원이라는 이유로 박해받거나 그럴 위험이 있어 국경을 피신했으며, 국적국의 보호를 받을 수 없는 국민 또는 무국적자" 1951년에 유엔 난민 협약에서 정의한 난민의 지위라고 해요.

전 세계에 난민은 몇 명이나 될까요? 유엔난민기구 〈연례글로벌 동향보고서 2020〉에 따르면, 2019년말 기준으로 전쟁, 폭력, 빈곤, 기아 등 재난 사태로 삶터에서 내몰린 강제 이주민 7,950만 명이고, 그중 자기 나라 밖에서 피난처를 찾는 난민이 4,570만 명이라고 해요. 세계 인구 100명 가운데 1명은 난민이라니 생각했던 것보다 훨씬 많아요.

우리나라에는 난민이 몇 명이나 될까요? 유엔난민기구의 〈G20 국가별 2010~2020년 난민 인정 현황〉을 보면, 난민 결정 건수 50,218건 중 난민 지위 인정 건수가 655건이에요. 난민 인정 비율이 겨우 1.3퍼센트예요. 10년 간 655명이 난민으로 인정받아서 우리나라에 살고 있어요. 아시아에서는 최초로 난민

법을 제정했다고 하는데 비율이 너무 낮지요. 옆 나라 일본은 99,032건 중 287건 인정해 0.3퍼센트로 우리나라보다도 폐쇄적이에요.

    책을 읽으면서 제가 난민을 이방인으로 보고 있다는 걸 알았어요. 뉴스로 접한 난민들은 안타깝고 그들이 어딘가에 정착해서 삶을 이어 가기를 응원해요. 그런데 난민들이 나와 가까운 이웃이 된다면 글쎄요, 처음부터 와락 환영할 수 있을 것 같지는 않거든요. 표지의 아이는 처음에는 곤히 잠들어 있는 것처럼 보였어요. 전쟁이 만들어 낸 불빛도 반딧불이 꼬리 불빛도 같은 빛인데 어떤 빛은 우리를 죽이고, 어떤 빛은 우리를 살리네요. 반딧불이 아래 짧은 생을 마감한 아이들 이름이 써 있는 걸 보고 마음이 아렸어요. 죽었을 거라고 생각한 아이를 안은 어른의 어깨를, 아이가 단단히 껴안은 마지막 모습에서 가슴을 쓸어내렸어요.

택주 생각해 보니 저는 이날 이때까지 살아오면서 수도 없이 손 내밀면서 살았어요. 나 좀 돌아봐 달라고, 나한테 힘을 좀 달라고, 나 좀 알아봐 달라고, 그렇죠? 그러면서도 힘이 생겼을 때 누구를 아우르는 손을 내미는 데는 강밭았어요. 늘그막에 가까스로 그런 나를 돌아보며 손에서 일을 내려놓았어요. 손이 비어야 힘에 부친다고 내미는 손을 선뜻 잡을 수 있지 않을까 해서요.

어째서 손을 내밀 수밖에 없었을까?

택주

《손을 내밀었다》란 이 그림책을 처음 만나면서 저 손이, 힘드니 도와 달라고 내민 손인지 힘들어하는 이에게 힘 보태 주겠다고 내민 손인지 궁금했습니다. 가만히 들여다보니 살려 달라고 내민 손도, 잡아주겠다며 내민 손도 있더군요.

앞뚜껑에 긴 머리카락을 드리우고 엎드린 아이가 보여요. 죽고 죽이는 싸움터에서 벗어나려고 식구들과 고무배에 올랐다가 터키 바닷가에 엎어진 채 숨을 거둔 시리아 아이 아일란 쿠르디가 떠올랐어요. 이 아이도 아일란 쿠르디 못지않게 나라 싸움에 세상 밖으로 떠밀린 아이예요. 책을 들추니 큰 싸움이 나고 어디로 가야 할지 모르는 아이들은 그저 달리더군요. 조각배에 빼곡히 올라 큰 물결에 떠밀리며 캄캄한 바다를 떠도는 사람들.

우리도 한때는 난민이었어요. 한국전쟁이 멈추고 잿더미가 된 서울에서 태어난 저는 전쟁을 직접 겪지 않았어요. 그래도 때를 가리지 않고 드나들던 동냥아치들이 부르는 장타령과, 상이용사들이 술에 절어 토해 내는 넋두리에 에워싸여 자랐습니다. 여름에는 팬티 바람으로 학교에 오는 아이가 있을 만큼 다들 어려웠어요.

이 책에서 저를 울컥하게 만든 말은 "철조망이 구멍 나기를 기도했는데, 발을 감싼 비닐봉지에 구멍이 났다"고요, 도탑게 다가온 말은

"바닷가에 닿았다. 작은 모래알이 발가락 사이를 따뜻하게 감싸 주었다"였어요.

도망 다닐 때 가장 고생하는 것이 발이지요? 발이라고 하니까 생각나는데 초등학교 저학년 때 겨울이면 발이 새까맸어요. 추운데 나가서 씻기 싫으니까 얼굴만 닦고 말아서 그랬어요.

《손을 내밀었다》를 연주하다 보니 어려서 배를 곯다가 배급받은 밀가루로 수제비를 끓여 먹고 배앓이하던 기억이며, 변비로 똥을 누지 못하자 어머니가 못으로 딱딱해진 똥을 긁어 주던 일이 떠올라요. 누런 콧물을 어찌나 흘렸던지 소맷부리로 코를 닦아 대어 소매 끝이 반질반질했어요.

그때를 떠올리면 난민을 비롯해 떠밀린 이들이 내는 앓는 소리나 내미는 손을 모른 체할 수는 없을 터인데, 애써 고개 돌리는 우리네 인심에 움찔합니다.

지속 가능하게
가꾸어 나갈 보금자리

《기이한 DMZ 생태공원》

강현아 글 그림
소동
2020

해진 홍콩에 사는 친구가 놀러 와서 땅굴까지 디엠지(DMZ)를 다 돌았거든요. 친구가 물었어요. "왜 이렇게까지 해서 넘어와?"

홍콩이 영국 지배를 받을 때도 중국에서 밀항으로 몰래 들어오고 그랬대요. 근데 그때는 잡히면 돌려보내지만, 이렇게까지 철책을 많이 만들고 이러지는 않았대요.

친구가 충격받은 건 뭐냐면 땅굴을 팠던 북한 사람들을 모형으로도 만들어 놓은 거였어요. "소리 때문에 도구를 쓸 수도 없을 테니 사람이 손으로 파서 여기까지 왔다고?" 파주환경운동연합 활동하면서 이따금 민통선 안에 새 보러 들어가고 하면서도 저는 한 번도 디엠지에 대해서 진지하게 생각해 본 적이 없거든요. 미리 등록만 하면 디엠지에 들어가기가 쉽잖아요. 그래서 우리 아이들은 거기가 천연의 모습이 남아 있는 시골 같은 곳이라고 생각해요. 세대별로 디엠지에 대한 생각이 다른 것 같아요.

택주 연주를 들으면서 '오이코스'라는 말이 떠올랐어요. 그리스말 오이코스는 '보금자리'라는 뜻이에요. 우리말로 하면 보금자리와 살림살이라는 뜻이 담겼어요. 오이코스는 이코노미, 경제하고 에콜로지, 생태라는 말로 나뉘어요. 이코노미는 아까운 먹을거리나 쓸거리란 뜻을 담은 말로 다시 생길 때까지 나눠 쓰면서 버티는 것을 일컬어요. 에콜로지에는 아까운 자원이 거듭 이어지도록 지킨다는 뜻이 담겼어요. 그런데 우리는 생태계가 무너지는 것은 아랑곳하지 않고 경제만 살리겠다고 매달리고 있어요. 생태계가 무너져 내리면 경제도 없는데 못 본 채 눈 감아 기후 재앙을 불러들였어요.

이 책을 보면서 우리가 마땅하다고 여기는 것들에게 물음을 던져야 하겠다는 뜻을 더 굳혔어요. 처음에 이 책을 들추면서 '어? 이 사람이 엉뚱하게 모든 걸 갖다가 다 엮어 넣었네' 하고 생각하다가, '오죽 답답했으면 이랬을까?' 하는 데까지 생각이 미치더라고요.

해진 출판사 관계자분께 들었는데요, 이 책을 좋아하는 아이들이랑 북 콘서트를 하면 아이들이 디엠지에 대해 환상을 갖고 있대요. 진짜 산에 이 동물들이 있을까, 그리고 동물이나 식물들의 안식처, 이런 느낌이어서 지켜야만 하는 이미지가 있대요. 그래서 담비는 어떻게 됐나, 동물들은 잘 있나, 묻는대요. 아이들은 그렇게 생각할 수도 있겠어요. 그러면 지키기가 훨씬 쉬워지겠죠. 거기는 신비한 곳이니까요.

영주 책 제목에 '기이한'이란 말이 붙었잖아요. 처음에는 작가 상상력이 여기에 얼마나 뻗어 있었으면 이렇게 이야기가 펼쳐졌을까 생각했는데, 다시 읽다 보니까, 맞는 말이 아니라는 생각이 드는 거예요. 정말 기이한데 특별한 게 아니고 현실이라는 거예요. '이래도? 이래도?' 하고 흔드는 것 같았어요. 달리 특별한 게 아니라 우리가 놓인 처지가 '아주 기이해!' 하고 알려 주는 것 같아요. 요즘 뉴스에 이스라엘이랑 팔레스타인 전쟁 이야기 계속 나오더라고요. 그런데 오자마자 책을 딱 폈는데 이 책에도 같은 이야기가 펼쳐졌어요.

택주 저는 디엠지라고 하면 '누구를 보듬으려는 전쟁인가?' 하는 물음이 떠올라요. 지도자들은 적대감을 가지고 서로 맞붙는다고 쳐요. 그러면 군인이든 민간인이든 목숨을 잃고 삶터를 잃어버리는 사람들은요?

　다스리는 이들이 살림살이는 내팽개치고 죽임을 마땅히 여길 때 우크라이나와 팔레스타인에서 볼 수 있듯이 뭇 목숨이 죽어 나가요. 지도자들은 싸울 때 죽음을 무릅쓰겠다고 말해요. 적은 말할 것도 없이 우리 병사들이 죽어 나가는 것도 무릅쓰겠다는 얘기니까, 통치자들이 죽음을 무릅쓰겠다는 말은 죽임을 무릅쓰겠다는 말이에요. 사람들을 안전하게 지키려고 무장한다든가 평화를 이루려는 전쟁이라는 말은 다 틀렸어요.

영주 책 앞쪽에 보면 담비가 같이 놀던 새끼 멧돼지를 찾아서 구멍으로 들어가잖아요. 우리 휴전선에 이런 구멍이 났다면 어떤 일들이 일어날까, 생각을 해 봤어요. 한 사람 들어갈 만한 구멍이 뚫렸다, 그러면 지금 난리가 났겠죠?

택주 옛날 전쟁은 장수나 장군들이 앞으로 나서서 쳐들어갔어요. 요즘은 자기들은 꼼짝도 하지 않고 병사들만 죽음으로 내몰아요. 참 비겁하면서도 끔찍한 전쟁이에요.

선화 저는 왜 '기이한'이지 했는데 디엠지 존재 자체가 기이하네요. 전쟁과 생태 양쪽에서 전달하고 싶은 주제를 적절하게 조화시킨 것 같아요. 정말로 등에 털이 휴전선처럼 나뉘는 산양이 있는 줄 알았는데 작가의 상상이더라고요. 디엠지는 사람 손길이 닿지 않는 곳이니까 동물들에게는 좋은 환경이라고 생각했는데 전쟁이 남긴 잔해가 여전히 동물들을 상처 입히고 있다는 걸 처음 알았어요.

영주 면지도 재밌어요. 산양 등이랑 닮았잖아요. 일부러 이거 생명이라고, 산양 등을 키워 놓은 것처럼 그렸다는 생각이 들었어요. 한 올 한 올 털처럼 느껴지죠. '이게 풀일 수도 있겠으나, 산양 등처럼 살아 있는 생명이야' 이렇게 말하는 것처럼 느꼈어요.

승희 이 책은 제목이 다 말했다는 생각이 들었어요. '기이한'이 1번, '디엠지'가 2번, '생태공원'이 3번. 전에는 디엠지에 가는 사람들은 주로 생태 수업하는 분들이었어요. 거기엔 굉장히 다양한 생물종이 살고 있어서 꼭 견학해야 하는 곳이라고 방송에 나와서 그런지 디엠지 하면 전쟁의 결과물이 아니라 생태 쪽으로 더 많이 생각하는 거예요.

그런데 그곳이 '기이하다'고 한 건, 아까 홍콩하고 중국 얘기를 하셨지만, 거기와 또 다르게 왜 이곳이 관광지가 되었는지에요. 분명히 한 나라였는데 자기들끼리 화가 나서 싸운 게 아니 잖아요. 여기는 2차 세계대전의 결과물인 거예요. 그래서 그 전쟁 이름도 6·25 전쟁이라 하잖아요. 세계적으로 이 전쟁에 대한 이름을 한국전쟁이라고 하면서 6·25 전쟁이라는 말도 같이 쓰는 게 이유가 있다 하더라고요. 2차 세계대전의 결과물로 한 식구였던 사람들이 이렇게 갈라져서 오가지 못하니까요. 남들 눈에 사실은 구경거리인 거죠. 관광지인 거예요. 그리고 그게 여실히 드러나는 게, 디엠지라는 말인 것 같아요. 이게 영어잖아요. 우리가 만든 말이 아니에요. 미국과 소련 등 세계가 얽혀서 만들어 놓은 경계선이기 때문에 디엠지인 거죠. 이게 우리가 만들었으면 우리말로 하지 왜 디엠지겠어요. 그러니까 우리는 세계 전쟁의 피해국인 거죠.

이 디엠지라는 말을 이제부터는 슬프게 쓰고 아이들한테도 더 강력하게 얘기해야겠다는 생각이 들었어요. 우리말로 번역한 게 '비무장지대'인 거잖아요.

아직 우리는 휴전 중이에요. 그러니까 끝나지 않은 전쟁의 결과물인 거죠. 저는 분단이 갖고 오는 이 부조리들. 그리고 정치인들이 그걸 사회에 어떻게 악용하는지도 눈여겨봐야 할 것 같아요. 이비에스에서 하는 방송을 보니까 베트남이 통일된 날을 기념해서 불꽃놀이를 어마어마하게 하는 거예요. 근데 그 불꽃놀이를 보면서 최태성이라고 하는 진행자(역사 선생님)가 눈물을 쏟아요. 우리도 이렇게 서울 한복판에서 통일을 기념하는 불꽃놀이를 했으면 좋겠다면서요.

택주 우리는 남북이 갈라져 있다고 여기더라도 1991년에 남북이 유엔에 가입할 때 서로 다른 나라로 유엔에 가입한 건 맞아요. 그러니까 다른 나라로 여기면서 오가는 것만이라도 할 수 있도록 애써야 해요. 서로 오가야 서로 어떻게 살아가는지 알 수 있지 않겠어요. 그래야 지피지기하는 길이 열리지요. 문 걸어 닫고 있으면 아무리 세월이 흘러도 지피지기할 수 없잖아요.

영주 아래 세대들한테 참 미안해요. 예전에는 전쟁 때문에 애면글면 했다면, 이제는 무너져 내리는 생태 때문에 한걱정이잖아요. 진짜 가슴이 답답해요. 옛날에는 이랬대 하며 교훈 삼을 수 있는 역사로만 남을 수 있으면 좋겠어요.

택주 '좋겠다' 하는 데서 멈추지 말고 반걸음씩이라도 움직여서 서로 다가서야 하는 사람들이 우리라는 것을 놓치지 않았으면 해요.

☕ 이제 기다림에 응답해요

해진

    시대에 따라 공간의 개념은 바뀝니다. 우리 부모님 세대에 디엠지는 건널 수 없는 두려운 공간이었고 제게는 무관심한 공간이었습니다. 통일은 먼 이야기였으니 관심을 가질 이유가 없었습니다.

    파주 근처에 살며 아이를 키우니 민통선 내 마을에 갈 일이 몇 번 있었습니다. 그러면서 우리 아이는 환경보존이 잘 되어 있는 공간으로 그곳을 인식하더군요. 앞으로 어떤 의미가 더 부여될까요?

    《기이한 DMZ 생태공원》에서 땅굴, 지뢰, 군인의 뼈, 총알, 포탄, 탄피는 부모 세대의 두려움을 담은 말입니다. 우리의 무관심 속에서도 디엠지 안 동식물들은 살아 있습니다.

    전쟁의 외상으로 몸을 떠는 나무, 북한을 바라보고 있는 금강초롱꽃, 다시 다툴까 봐 잠 못 드는 부엉이, 왕래 사절단이 되고 싶은 수달. 그 밖에 많은 동식물들은 남한과 북한이 궁금하고, 평화로워지기를, 참으로 평화로워지기를 기다리고 있을 겁니다.

    미래 세대에게 동식물과 같이, 남과 북이 같이 지켜 나가는 공간이 될 수 있을까요?

제대로
사랑합시다

《애국자가 없는 세상》

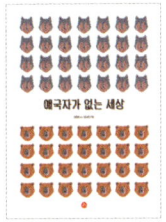

권정생 시
김규정 그림
개똥이
2021

영주 그림이 규칙이 있어서 재밌어요. 양쪽 다 정면을 보고 있는데 서로 마주 보잖아요. 같은 방향을 보고 있다가 서로 마주 보면 으르렁대요. 그런데 한 아이가 '뭐지?' 하는 얼굴로 고개를 내밀어요. 아이가 품은 호기심이 열쇠가 되네요.

애벌레가 나오는 장면도 재미있어요. 차츰 위로 올라가 나비가 되고, 아이들이 빠져나가고, 거기서 탈을 벗어요. 사실은 다 탈이었잖아요. 어렸을 때 세뇌 교육 받은 생각도 나네요. 탈을 벗으려면 진짜 힘들어요. 누군가는 벗겨 줘야 하고, 쓰고 있는 줄도 모르는 이들이 꽤 많겠죠. 그런데 작가는, 내려놓는 건 사실 참 쉬운 거라고 말하는 것 같아요. 정말 아주 간단한데 그걸 안 하고 있다고요.

승희 도서관에서 사람들하고 이 책을 읽어 보면 아이들은 거의 수수께끼 책으로 봐요. 어른들은 '헉! 그런 거였어?' 이러면서 보고요. 그래서 실패하지 않는 책이죠. 특히 일고여덟 살 장난꾸러기 남자아이들을 가만히 앉혀 두는 책이에요.

영주 이 책은 정말 그림을 자세히 보게 되네요. 나라에 충성할 때는 국기를 찢잖아요. 그런데 모두가 좋아졌을 때는 테이프로 다 붙인다고요. 어떤 게 참으로 사랑하는 것일까요? 우리가 사랑이라 말하는 것들을 깊이 생각해 봐야 할 것 같아요.

해진 국가를 위한다고 생각하지만 사실은 국가를 파괴하는…….

택주 이쪽에서는 이쪽대로 나라를 지켜야 한다면서 한미연합훈련을 하고, 저쪽은 저쪽대로 나라를 지키겠다면서 핵무기를 만들어요. 안보, 나라를 안전하게 지킨다는 게 뭔지를 제대로 짚지 못하고 떠벌리는 말잔치일 뿐이에요. 나라를 지키려는 까닭이 뭐겠어요. 나라 사람을 지키겠다는 뜻이잖아요. 그러면서 사람을 죽이는 무기를 만들고 싸우는 훈련을 하다니 말이 돼요?

해진 오래 꾸려 온 독서 모임에서 다양한 책을 읽고 지평을 넓히자며 병역거부 관련 책을 읽었는데 남자 회원들 반응에 정말 깜짝 놀랐어요. 그분들은 군대를 다녀왔고, 그러니까 군대가 없어야 한다고 주장하는 게 불편한가 봐요. 평소에 우리랑 독서 모임할 때 보면 마음이 넓은 분들이거든요. 근데 그렇게 말하는걸 보며 아직까지는 우리 사회에서 군대 문제는 건드리면 안 되는구나 싶었어요.

그리고 집에 와서 남편한테도 얘기해 봤는데 남편도 똑같은 반응인 거예요. 대한민국에서 군대 갔다 온 남자랑 안 갔다 온 남자, 그리고 여자들이 느끼는 감성은 다르구나 했어요.

승희 또 놀라웠던 거는 요즘 엠지 세대가 한자를 잘 모른다면서 '심심한 사과'에 '심심한'이 무슨 뜻인지 잘 모른다고 하잖아요. 저한테 '애국 애족'이 뭐냐고 물어요. 근데 그 순간 놀라면서도 좋았어요. "그렇지! 살면서 그 말은 몰라도 돼. 어쩌면 몰라서 다행이야" 이랬죠.

저는 이 책을 딱 한 낱말로 정리했어요. 부사 '너무'예요. 애국이나 애족을 안 할 수는 없죠. 그런데 '너무' 하면 탈인 거예요. 우리 가족이 먹고 살 만큼 우리나라가 평화로울 만큼, 그냥 적정한 선을 찾아야지 너무 하니까 탈이야, 그래서 지나치다는 말에 대한 각성이었어요.

택주 "문명은 바탕으로 삼는 종교에 따라 달리 아퀴 짓는다"라는 뜻을 굳게 지켜온 아놀드 토인비(1889~1975)가 늘 새기는 말이 "사랑하라. 비록 사랑이 제 희생으로 이끈다고 할지라도((《토인비와의 대화》, 아널드 J. 토인비 글, 원창엽 옮김, 흥신문화사, 1991))"였대요. 이 말이 불교와 기독교가 지닌 이상을 잘 드러냈다는 토인비는 불교와 기독교가 한 흐름을 타야 바람직하다고 말합니다. 저만 가운데 두려는 생각을 넘어서도록 돕는 것이 종교라고요. 수준 높은 종교가 역사에 커다란 금을 긋는다고 봤던 토인비는 수준 높은 종교가 그대로 새로운 사회라고 말할 만큼, 개인과 공동체 모두가 자기중심성을 넘어서야 종교 혁명을 이룰 수 있다고 하면서 종교 혁명만이 평화를 여는 열쇠라고 흔들었습니다. 종교 혁명을 이루고 나아가 세계가 한 나라가 되어야만 평화가 올 수 있다고요. 그래서 깨닫고 나서 바로 열반에 들 수 있었는데도 그러지 않고 사람을 비롯한 모든 목숨붙이가 열반에 들어가도록 도우려고 이 세상에 머물렀던 석가모니와 예수를 본받아 버리고 비우기를 거듭한 아시시 성 프란체스코를 우러른다고 했어요. 깨달으면 불자이기를 그친다고 하면서 히말라야에 이르는 길은 여러 갈래가 있다고 늘 말씀했던 법정 스님도 불일암에 사실 때 부처님 고행상과 성모 마리아 상을 함께 모셨어요.

저도 적대시하던 사람들이 토인비나 법정 스님처럼 가슴을 열고 다가서서 서로 받아들일 때 비로소 나라와 나라 사이에 얽히고설킨 매듭을 풀어나갈 수 있다고 받아들여요. 사람 목숨을 바쳐서 하는 전쟁은 돈도 많이 들고 어렵기 그지없어도 평화는 아주 쉬워요. 서로 가슴을 열고 다가가 속내를 털어놓기만 하면 이룰 수 있으니까요.

우리는 흔히 남북이 갈라진 게 '이념' 때문이라고 얘기해요. 아니에요. 한겨레끼리 서로 싸우며 서로 죽였다지만 들춰보면 남과 북이 미국과 소련을 대신해 싸웠잖아요. 남북을 갈라 세운 것도 미국이 제 욕심에 빠져 일으킨 일이고요. 찬찬히 깊이 살펴야 역사가 제대로 보여요. 우리가 쪼개진 까닭을 제대로 짚을 때 우리를 바로 세울 수 있어요. 먼저 이쪽 그러니까 한국을 바로 보고 우리가 믿고 있는 미국이 어떤 속셈을 가졌는지 꿰뚫어 봐야 해요. 그리고 저쪽 그러니까 조선(북한)을 바로 보고 그 언저리에 있는 중국과 러시아 속셈이 뭔지 꿰뚫어 봐야 지피지기를 제대로 할 수 있어요.

힘을 가진 이들이 우리에게 애국 애족한다는 허울 좋은 이름을 덮어씌워 궂은 데로 몰아넣고 있어요. 생각해봐야 해요. 싸움을 쉬고 있다는 말과 싸움을 멈췄다거나 싸움을 그쳤다는 말이 같을 수 있는지. 그래서 이 책을 함께 연주하자고 했어요.

승희 중학교 가면 수사법을 배우잖아요. 그중 반어법이죠. 예전엔 반어법 배울 때 '나 보기가 역겨워 가실 때에는' 그 문장으로 배웠는데, 이젠 청소년 아이들하고 이 시 읽으면서 반어법을 익혀야겠어요. 시 자체가 반어법인 것 같아요.

택주 군대가 없으면 나라가 망할까요? 군대를 없앤 나라가 있어요. 코스타리카라고, 이 나라 지도자가 국회에서 군대를 없애겠다고 외치던 1948년 12월 1일 우리나라 국회는 국가보안법을 받아들였어요. 코스타리카 지도자 피게레스는 쿠데타로 정권을 잡았는데 정권 잡고 여섯 달 만에 군대를 없애고 병영을 학교로 만들겠다고 외쳤어요. 이 사람은 정권을 쥘 때 1년 6개월 동안 자리를 잡고 나서 물러서겠다고 하고는 이 다짐을 지킵니다.

군대를 없앤 코스타리카는 1983년 어떤 싸움에도 끼어들지 않겠다고 홀로 외치며 영세중립국이 됩니다. 스위스나 오스트리아는 둘레에 있는 힘센 나라들이 뜻을 모아 주어 영세중립국이 될 수 있었어요. 또 1991년 소련이 흩어지면서 홀로 선 투르크메니스탄은 1995년, 유엔에 들어 있는 185개 나라가 모두 뜻을 모아 줘서 영세중립국이 됩니다.

저는 우리나라가 전쟁에서 벗어나는 길은 영세중립국이 되는 것 말고는 없다고 생각해요. 동맹은 어느 쪽에 서는 것이고, 중립은 누구 쪽에도 서지 않는 거예요. 우리는 중립을 외치기 좋은 곳에 있어요. 위로는 중국과 소련 러시아가 버티고 있고, 아래로는 미국과 일본이 있어요. 이 틈바구니에 끼어 있는 우리가 살길을 찾아 투르크메니스탄처럼 영세중립국이 되겠다고 유엔에 뜻을 밝히면 돼요. 남북이 같이 영세중립국이 되겠다고 외치고 나서면 더 좋고요.

제가 몸 담고 있는 '꼬마평화도서관사람들'은 '2030년 우리 아이 어떤 세상에서 살도록 하고 싶은가?'라는 물음에서 비롯한 모임이에요. 이렇게 물어보면 여자아이를 가진 어버이들은 세상이 좀 평화로웠으면 좋겠다, 남녀 차별이 없었으면 좋겠다고 하는데 남자아이를 둔 어버이들은 군대를 보내지 않았으면 좋겠다고 해요. 군대 가지 않아도 되는 세상으로 바꿔 내야 해요.

아까 승희 선생님은 '애국자가 없는 세상'이 역설이라고 했는데, 나는 나라 사랑하지 말고, 한데 붙은 땅에 어울려 살아야 하는 사람들이 서로 아끼며 살자, 서로 좋은 사람들이 되어 네 처지는 내가, 내 처지는 네가 헤아리면서 살아가자, 우리나라를 굳게 지키는데 쓸 힘을 나라가 없어도 살고, 법이 없어도 살 수 있는 세상을 만드는데 쓰면 좋겠다는 마음이에요.

영주 솔직히 '애국하자'고 생각하며 사는 분이 있나요? 저는 한 번도 안 해 본 것 같아요. 애국하자는 생각 안 하고도 잘 살고 있거든요. 그러니까 애국하자는 얘기는 필요 없는 얘기인 거지요.

택주 우리 어려서는 애국 애족 하자는 말을 많이 들었어요. 귀에 딱지가 앉을 만큼 하도 많이 들어서 그래야 하는 줄 알았는데 알고 보니 그게 아니었지요.

해진 요즘 애국자라는 말은 애 셋 있는 엄마한테만 쓰죠.

영주 그럼 저는 애국자네요.(웃음)

아는 아이가 군대를 특공연대로 갔다 왔어요. 휴전선 부근에 문제가 일어나면 가장 먼저 출동한대요. 출동 명령을 받고 서둘러 산에 들어갔는데 부대에선 24시간 동안 아무런 지원도 하지 않았대요. 겨울옷들은 이미 반납하고 여름 군복을 입고 갔는데 마실 물도 없이 스물서너 명이 주먹밥 다섯 개를 나눠 먹고는, 강원도 그 깊은 산골짜기에서 밤새도록 추위를 견딘 거예요. 아침에 내려와서 왜 지원을 안 해 줬냐 했더니 다 집어넣은 옷 다시 꺼내기 귀찮아서 그랬다더래요.

나라 지키는 군인 대접이 이토록 허술해요. 이때 튀어나온 말이 '나라 필요 없어'였대요. 내 식구를 지키고, 친구를 지킨다는 사명감이 뚜렷했는데 '이게 뭐 하는 짓이야' 싶더래요. 나라와 윗사람들에게 얼마나 실망이 컸으면 이랬겠어요.

택주 이런 얘기를 자꾸 꺼내야 해요. 딱히 어떤 일을 겪지 않아도 군대는 위험하잖아요. 목숨을 걸고 나라를 지키게 하려면 군인들을 그만큼 지켜 줘야지요.

승희 사실 '애국 애족'이 나쁜 말이 아니잖아요. 일상에서 애국이든 애족이든 하자는 건데. 문제는 지도자나 사회적으로 권력을 가진 집단에 속한 사람은 일반 국민들하고 똑같은 엔분의 일이 아니라는 거죠. 요즘에 저는 좀 제대로 애국하고 제대로 애족해 줬으면 좋겠다는 생각이 들어요. '저 사람들이 생각하는 나라는 뭐야, 국민은 뭐지? 제대로 사랑하는 거야, 지금?' 막 이런 생각이 들어요.

영주 그런데 입에 애국을 올리는 사람들 가운데 애국하는 사람들이 얼마나 있으려나요?

승희 그러니까 제대로 된 애국을 지금 누가 하고 있나, 제대로 된 애국이란 무엇인가, 돌아보는데, 정말 애국 애족을 찾아서 실천해야 될 지도층에 있는 사람들은 이런 고민조차 하는 건지 의심스러우니까 좀 속상하죠.

택주 그러니까 그이들은 지도층이니까 지도만 봐서 그래요.(웃음) 그 삶터든 싸움터든 그곳에 가서 살아 보거나 싸워 보지 않잖아요. 그러니 사람이 보일 턱이 없지요. 사람을 보지 않고 위에서 지도만 내려다보니까 느낌이 오지 않지요.

승희 글로만 생각하고 행동하고 판단하니까 실제 국민들의 삶 이런 거 잘 모르는 거 아닌가 싶어요. 아무튼 이 책 덕분에 권정생 선생님 시도 읽게 되었어요. 사실은 애국 애족이란 말이 그 뭐라 그럴까요. 레트로 감성을 지닌 말이지만, 지금 정말 이 말이 간절해요. 이런 세상이 왔으면 좋겠어요. '너무' 사랑하지는 말고 그냥 사랑했으면 좋겠고요.

택주 서로 아끼기만 해도 바로 좋아지지 않겠어요? 제 부끄러움과 남 부끄러움만 제대로 새겨도 세상은 바로 좋아질 거예요.

선화 《애국자가 없는 세상》에 살면 《손을 내밀었다》 같은 책이 나오지 않을까요? 애국자가 없다면 난민이 안 생겼을까요? 적어도 애국자를 자처하는 사람들로 생기는 난민은 없었겠다는 생각이 들어요. 두 책이 이어진다는 생각으로 읽었어요. 내가 태어난 국가에 당연히 가져야 하는 마음이 애국하는 마음이라는 것을 믿어 의심치 않고 자라 왔어요. 커 갈수록 자극적인 시청각 자료로 배웠으니 애국심은 더욱 커졌구요.

날마다 오후 5시에 애국가가 들리면 놀다가도 '얼음 땡!' 자세가 되어 태극기를 향해 가슴에 손을 얹었어요. 꽤나 오랫동안이요. 게다가 외국 선수들과 힘겹게 겨루고 우승을 한 한국 선수들 뒤로 등장하는 태극기는 얼마나 웅장하고 멋진가요? 우리나라와 우리 국민들에 대한 애정을 '애국심'이라는 단어로 말할 수 있어서 좋았어요.

애국심이 오용된다고 생각은 했지만 '애국자가 없는 세상'은 상상을 못 해 봤던지라 권정생 선생님 글을 읽고 놀랐어요. 통찰력 있는 어른께 다시 한번 존경심이 일었고요. 커다란 주제를 쉽고 유쾌하고 따뜻하게 표현한 그림 작가님께도 엄지 척을 해 드리고 싶어요. 세상을 바꾸는 것은 결국 누군가의 용기라는 것을, 한 사람의 용기가 주변을 변화시키고 세계를 변화시키는 나비가 된다는 것을 확인할 수 있어서 좋았어요.

마지막 장처럼 우리가 만든 사상이 우리를 가두는 감옥이 되지 않도록 자주 살피고, 모두를 위한 편향되지 않고 보편적인 사상이 아니라면 테이프로 붙여 버리듯 영향력을 줄이는 것도 우리가 할 일이라고 생각했어요.

애국자가 없으면
나라가 망할까요?

택주

애국자가 없으면 나라가 망할까요? 권정생 선생이 쓰신 시에 김규정 그림이 따라붙은 《애국자가 없는 세상》이란 그림책을 앞에 두고 생각에 빠졌어요. 이웃에게 애국자가 없으면 어떻게 되겠느냐고 물으면, 흔히 나라가 남아 있겠느냐고 되물어요. 그런데 권정생 선생은 "이 세상 그 어느 나라에도 애국 애족자가 없다면 세상은 평화로울 것"이라고 잘라 말씀했어요. 또 젊은이들은 총을 메고 전쟁터로 가지 않을 테고, 어머니들은 아이를 잃지 않아도 될 터라면서 "이 세상 젊은이들이 애국자가 안 되면, 더 많은 것을 아끼고 사랑하며 살 것이고 세상은 아름답고 따사로워질 것"이라며 흔들어요.

거슬러 올라가 보면 처음엔 여자와 남자가 어울려 아이 낳고 살다가 아이가 또 아이를 낳아 무리 지으면서 마을을 이루고 나라를 이뤘어요. 나라가 생기고 사람이 나온 것이 아니라 사람이 살려고 나라를 만들었다는 말이에요.

싸움은 넘보는 데서 비롯해요. '넘보다'엔 두 가지 뜻이 있어요. '남을 얕잡아본다'란 뜻과 '남 것을 가지고 싶어 슬금슬금 넘겨다보다'란 뜻이에요. 넘보지 않는데 다툼이 얼마나 일어나겠어요? 《손자병법》에서 손자는 어째서 '지적지기'라고 하지 않고 '지피지기'라고 했을까요? 저쪽을 적으로 삼지 않아야 한다는 뜻이 숨어 있다고 봐요.

어둑어둑한 산길을 가다가 땅바닥에 뱀이 기어가는 것 같아서 '걸음아 나 살려라!' 하고 달아났는데 날이 밝아서 보니 새끼줄이더라고 하잖아요.

낯선 사람을 만나면 서먹서먹하지요? 속을 몰라서 그래요. 여러 차례 만나다 보면 가까워지고, 자주 만나 속내를 털어놓다 보면 스스럼없어지면서 동무가 되지요? 나라와 나라 사이도 다를 바 없어요. 지피지기하면 '저이들도 우리 못지않게 아끼는 남편과 아내 그리고 아이, 또 모셔야 할 어버이가 있는, 따뜻한 피가 흐르는 사람들이구나' 하고 알게 되고, 더 가까워지면 '알고 보니 괜찮은 사람들이네' 하고 받아들이게 되며, 그 나라 사람들이 놓인 깊은 속내를 알고 나면 가까워질 수밖에 없어요.

속내를 다 아는데 싸울 일이 얼마나 있겠어요? 좁은 우리에서 벗어나 너른 우리를 품어 이따금 이웃 나라와 뜻이 어긋나더라도 속을 털어놓고 마음 나누면 풀 수 있지 않겠어요?

전쟁을 바라는 이들을
더 이상 내버려두지 않기

《적》

다비드 칼리 글
세르주 블로크 그림
안수연 옮김
문학동네
2008

승희 며칠 전 〈퓨리〉라는 전쟁 영화를 봤어요. 미국 탱크 부대 얘기인데요, 독일군을 물리쳐야 할 그 부대가 나중에는 미군이 위기에 몰린 상황에 총알받이로 가면서 다 죽어요. 다 죽고 막내 병사 하나만 살아남아서 포로로 끌려가는데 정말 '왜 싸우는 것인가?' 하는 생각이 계속 들더라고요. 이 책을 보니 그 영화가 떠올랐어요.

영주 그림을 보면 이렇게까지 망가질 수 있는 게 전쟁인 걸 깨닫게 해요. 피가 뚝뚝 떨어지는 손으로 인사를 하면서 웃네요. 이게 미친 세상이잖아요. 아이들한테 이 책을 읽혀 봤어요. 한결같이 하는 소리가 '전쟁은 정말 쓸데없는 건데'란 말이에요.

해진 반공 포스터 그리면 저쪽은 왠지 괴물로 그렸어야 했고, 그걸 저학년 때까지는 그렸고 고학년 때는 안 그렸던 거 같아요. 왜냐하면 1988년에 서울올림픽이 있었거든요. 올림픽을 계기로 그런 분위기가 많이 없어졌던 것 같아요.

영주 어떤 아이가 책을 읽고 "내 마음속에 있는 내 가족 이야기인데?" 이렇게 얘기를 해요. 그리고 또 다른 아이는 "어, 이거 관계에 관한 이야기인데요?" 하고요. 초등학교 5학년 아이는 "이건 내 속에 있는 얘긴데?" 해요. 처한 환경이나 처지에 따라서 다 다르게 보는구나, 전쟁 이야기 같지만, 사실은 우리 삶을 얘기하고 있구나 했어요.

택주 왜 오가지 못할까? 뭐가 어째서 우리 겨레가 겪는 일인데 우리 뜻대로 하지 못하지? 전쟁을 벌인 북한과 중국, 그리고 맞서 싸운 미군을 비롯한 연합군이 같이 휴전을 했기 때문에 그렇대요. 우리는 우리끼리 평화롭게 지낼 처지도 못 된다는 말이에요. 저는 휴전이라는 말이 마뜩잖아요. 싸움을 그쳤으니 정전인데 어째서 휴전이라고 했을까요? 정전은 싸움을 끝냈다는 종전과 다름이 없는 말이에요. 그친 거하고 끝난 게 뭐가 달라요? 그걸 애써 휴전, '쉬었다'고 말하는 이들은 누구입니까? 무슨 꿍꿍이로 그랬을까요? 70년 넘게 우리를 두려움으로 거듭해서 몰아넣는 세력은 누구입니까?

얼마 전 1학년 아이들을 만났어요. 육이오 얘기를 나누면서 엄청나게 많은 사람이 죽고 다친 싸움이 1953년 7월에 싸움을 그쳤다고 했어요. 한 아이가 이렇게 받더군요. "우리나라는 전쟁을 잠깐 쉬고 있는 거예요." 그래서 제가 되물었어요. "네가 어제 동무하고 싸웠다고 해 봐. 오늘 아침에 또 만났는데 싸움을 잠깐 쉬었다고 할 수 있을까? 한국전쟁이 그친 지는 70년도 넘었어." 아이는 "어? 아니네. 그런데 어째서 잠깐 쉬는 것이라고 했지?" 하더라고요. 매듭을 짓지 못했는지 안 했는지는 알 수 없으나 '어째서 매듭짓지 않았을지' 생각해 봐야 해요.

일본은 우리가 이를 갈면서 미워하는 나라잖아요. 그런데도 코로나가 터지기 전에 800만 명이나 일본에 갔어요. 코로나 때도 600만 명 가까이 갔고요. 어째서 피를 나눈 남과 북은 오가지 못하지? 무엇 때문에? 궁금해요. 김정은이 이렇게 말했잖아요. "우리 주적은 전쟁이다" 그래요. 같은 겨레를 어떻게 주적으로 몰 수 있겠어요? 다 내려놓고 서로 오가면 좋잖아요. 언니 아우가 갈라져 생이별한 이산가족들 가운데 살아남은 이들은 손꼽을 만큼 적을 거예요. 적어도 이 사람들만이라도 오가게 해야 하지 않겠어요?

저는 《적》에 나오는 두 병사가 우리 같았어요. 와인을 마시며 껄껄대는 장군들이 미국 같고요. 우리나라 사람들에게 공산주의니 민주주의니 하는 '이념'을 누가 갖다 씌웠을까요? 한 식구들이 어울려 살지 못하도록 갈라놓고 가로막는 '주의'라면 내던져야지요. 우리 이제 '평화주의' 해요.

영주 책은 참 대단한 힘이 있어요. 여기 보면 "비가 올 때마다 나는 어서 이 전쟁을 끝내야 한다고 생각합니다. 하지만 어떻게 해야 할까요? 알고 있는 사람은 다른 이들, 바로 명령을 내리는 사람들입니다. 그러나 그들은 내게 어떤 말도 해 주지 않습니다"라고 해요. 우리가 묻고 우리가 답하게 해요.

해진 통일을 민주주의를 하냐 공산주의를 하냐 이런 이념 얘기보다 경제 교류를 먼저 해야 된다고 하잖아요. 그러니까 결국 통일은 서글프지만 자본주의로 될 거예요.

택주 통일까지는 몰라도 오가는 거, 일본만이 아니라 적잖은 우리나라 사람이 미워한다는 중국도 가잖아요. 러시아하고도 오가고요. 하다못해 전쟁을 치르는 우크라이나도 간단 말이에요. 근데 딱 한군데 북한에만 못 가요. 통역기 없이도 말을 다 알아듣는 이들이 사는 우리 땅인데 못 간다? 근데 어째서 못 가느냐고 누구도 묻지 않는다? 못 가는 게 너무 마땅하다고 받아들이는 게 안타까워요. 부끄럽기도 하고요. 특히 저 같은 늙은이들이 그동안에 아무 생각이 없이 살아서 우리 아이들에게 반도국이 아니라 섬나라를 물려주고 가네, 하는 뉘우침이 몰려들어요. 섬나라 사람들도 다 다른 나라에 다 갈 수 있는데, 우리는 피를 나눈 겨레를 품에 들일 수 없는지 부끄럽죠.

어린 손녀를 볼 때마다 그런 생각을 해요. 2014년 내가 평화일을 하면서 세운 말머리가 '2030년 우리 아이 어떤 세상에서 살도록 하고 싶은가?'였어요. '적어도 그때쯤 되면 오갈 수는 있을 거야'라고 생각했는데 이제 몇 해 남지 않았어요.

요즘에 보면 오가기는커녕 사이가 더 벌어지고 있어요. 사람들은 다시 전쟁이 일어나는 거 아니냐는 두려움에 떨고 있잖아요. 지난해까지 우리나라가 세계 무기 수출 6위였대요. 올해 5위로 뛰어오를 거라는 얘기도 있어요. 우리나라는 사람을 죽이는 무기를 내다 팔아 돈 버는 나라예요. 싸움을 수출하는 나라라고요. 싸움 뒷배가 되는 나라가 돼 버렸다는 말씀이에요. 우리 나라가 이토록 모질고 무시무시한 나라예요.

영주 이러면서 무슨 평화를 얘기하고 진짜 아이들 보기 부끄러워요. 가끔 뉴스에 나오잖아요. 최첨단 무기가 어쩌고저쩌고 하는 걸 볼 때마다 기가 막혀요. 이 책에서 보면 두 병사가 움직이잖아요. 진실을 알잖아요. 그러니까 이제 우리가 움직여야 해요. 그래서 진실이 무엇인지 알아야 한다고요. 정말 그래야 해요.

며칠 전에 큰아이랑 둘이서 산책을 갔다 오는데 한마디 하더라구요. 노인들이 뭘 태운다고 옛날식으로 마구 불을 놓는데 위험하니 나더러 좀 막으래요. 제가 시골을 자주 왔다 갔다 하니까, 어른으로서 뭔가 하란 소리인 거죠. '세상을 위해서 뭐라도 해라!' 하고 흔드는 소리로 들었어요. 나서야 하는 일에는 나서야겠구나, 하는 생각을 조금 더 하게 됐어요.

해진 만약 북한에서 휴대전화에 쓰는 희귀 금속이 나오면 통일이 대번에 될 것 같아요. 우리는 이제 이념이 아니라 서로 얻을 게 있어야만 하는 거죠. 옛날처럼 정에 이끌려서 한민족만으로는 안 될 것 같아요.

택주 우리 머리에서 '통일'이라는 낱말이 점점 흐려지고 있어요. 평화를 바라는 우리는 가장 먼저 토 달지 말고 남북이 오가도록 하자고 외쳐야 해요. 서로 오가기만 해도 숨통이 트일 거예요. 나아가 서로 무기를 내려놓고 국방비를 쓰지 않을 수 있다면 남과 북이 모두 활개를 펼 수 있지 않겠어요? 대학 반값 등록금이란 꿈도 이룰 수 있을 테고요.

해진 대학 무상화도 될 것 같아요.

승희 2차 세계대전 끝 무렵에 남은 무기들을 탕진하는 곳이 한국전쟁이었다고 해요. 이걸로 전 세계가 먹고 살았는데, 이것에 분노한 피카소가 한국으로부터의 게르니카라고 그림도 그렸잖아요. 근데 그런 얘기를 하셨더라고요. "전쟁은 학살이다" 그런데 학살은 또 바로 난민을 만들어 내잖아요.

헤세 전시회를 보러 갔는데 이런 말을 써 놨더라고요. "평화를 쟁취하기 위해서 투쟁해야 한다" 근데 그 문장을 본 뒤에 저는 계속 질문했어요. '헤세가 말하는 투쟁이 뭐야? 그냥 운동이야?' 근데 그 언어가 운동을 넘어선 언어였어요. 그럼 평화를 얻기 위해서 싸우란 얘기야? 하는 생각이 들었어요.

택주 나서서 자꾸 외쳐야 고개라도 돌려요. 요즘에는 웬만한 자극이 아니면 까딱도 하지 않으니까요. 성평등도 세게 외치잖아요. 여느 사람들은 너무 지나치지 않느냐고 해요. 여성들도 페미니스트들에게 지나치다고 손가락질하기도 해요. 그렇다고 이 사람들을 나무랄 수 없어요. 세게 나와야 가까스로 돌아보잖아요. 모질게 굴어서 이만큼이라도 올 수 있었어요.

간디도 마틴 루터 킹 목사도 외치고 나설 수밖에 없었던 거죠. 주먹 쥐고 아무도 때리지 않았지만, 자꾸 나서는 것이 너무 미우니까 죽여 버린 거지요. 노동 운동도 마찬가지잖아요. 전태일이 죽은 지 언제인데 노동자들이 거듭 목숨을 잃을 만큼 노동 현장은 나아지지 않았어요. 또 노동자 한 분이 똑같이 외치면서 불에 탔어요. 얼마나 아팠겠어요. 이런 일을 되풀이할 수밖에 없도록 내버려둔 우리 책임이 커요.

☕ "이제 전쟁을 끝낸다!"

택주

적이라고 하면 무엇이 떠오르세요? 처음부터 적인 사람이나 나라가 있을까요? 없어요.

다비드 칼리가 글을 쓰고 세르주 블로크가 그림을 그린 《적》에 그 까닭을 짚을 수 있는 이야기가 담겼더군요. 앞뚜껑 안에 총검을 든 병사들이 빼곡해요. 이백스물네 사람이네요. 위에서 서른다섯 번째 병사 앞에 네 잎 클로버가 있어요.

전쟁. 사막처럼 쓸쓸한 들판에서 마주 보는 참호 두 개. 참호마다 병사 한 사람이 살아남아 서로 총부리를 겨누고 있어요. 남북으로 갈라져 총부리를 겨누고 있는 우리나라 같았어요.

네 잎 클로버를 갖고 있던 서른다섯 번째 병사가 이야기를 아우르며 가는 줏대잡이에요. 이대로 참호에 갇혀 늙어 죽을지 모른다는 두려움에 시달리던 병사는 어서 전쟁을 끝내야 하는데, 명령 내리는 이들이 잠자코 있다며 진저리칩니다. 이어지는 그림에는 훈장을 잔뜩 단 두 장군이 히죽거리면서 와인 마시는 모습이 나와요. 이걸 보면서 제1차 세계대전 참전 군인 스메들리 버틀러가 쓴 책 《전쟁은 사기다》가 떠올랐어요. '전쟁은 사기다, 언제나 그랬다, 이익은 달러로 챙기고 손실은 사람 목숨으로 메우는 유일한 사기이기도 하다, 소수가 제 잇속 채우려고 다수를 짓밟으면서 펼쳐진다, 피 흘리지 않는 몇몇

이 떼돈을 번다'고 했거든요.

　오래도록 참호에서 적과 맞서던 줏대잡이 병사는 어느 날 밤 싸움을 끝내겠다며 참호에서 살그머니 빠져나와 적이 있는 참호로 쳐들어갑니다. 가 보니 참호는 텅 비어 있고, 적이라고 여기던 병사가 아내와 아이들과 어울려 찍은 사진, 그리고 제가 가지고 있는 것과 다르지 않은 전투지침서, 적을 여자와 아이를 마구 죽이는 괴물이라고 그린 책자만 덩그러니 있어요. 병사는 적이 제가 있던 참호로 갔다는 것을 알았어요.

　그대에게도 '사랑하는 아내와 토끼 같은 아이들이 있구나' 하고 알게 된 두 병사가 "이 순간부터 전쟁을 끝낸다!"라고 써서 페트병에 담아 힘껏 던지면서 이야기가 끝나요.

　뒤뚜껑을 들추면 앞뚜껑 안과 같이 총검을 꼬나든 병사들이 잔뜩 서 있어요. 그런데 네 잎 클로버가 있던 줏대잡이 병사와 끝에서 예순네 번째 서 있던 병사가 사라졌어요. 싸움을 끝낸다며 떠난 이 두 사람은 가까워졌을까요?

어른이 되어 그림책을 펼치다
직업은 어른 취미는 그림책

2025년 5월 21일 1판 1쇄 펴냄

글쓴이 권해진, 김영주, 변택주, 이선화, 이승희
편집 김누리, 김성재, 임헌 | **디자인** 한아람
제작 심준엽 | **영업마케팅** 심규완, 양병희, 윤민영 | **영업관리** 안명선
새사업부 조서연 | **경영지원실** 차수민
인쇄와 제본 (주)상지사P&B

펴낸이 유문숙 | **펴낸 곳** (주)도서출판 보리 | **출판등록** 1991년 8월 6일 제9-279호
주소 (10881)경기도 파주시 직지길 492
전화 031-955-3535 | **전송** 031-950-9501
누리집 www.boribook.com | **전자우편** bori@boribook.com

ⓒ 권해진, 김영주, 변택주, 이선화, 이승희, 2025

이 책의 내용을 쓰고자 할 때는 저작권자와 출판사의 허락을 받아야 합니다.
잘못된 책은 바꾸어 드립니다.
값 17,000원

보리는 나무 한 그루를 베어 낼 가치가 있는지 생각하며 책을 만듭니다.

ISBN 979-11-6314-414-4 03810